대학 살아남기

세계 대학들의 혁신 전쟁

HANYANG UNIVERSITY HIGHER EDUCATION INSTITUTE

한양대학교 고등교육연구소 | '대학의 미래' 시리즈 2

대학 살아남기

세계 대학들의 혁신 전쟁

김종량·이현청 편저

한양대학교 출판부

이 책은 세계 대학들의 혁신 사례를 담고 있다.
이 책에 소개된 내용의 활용 여부는
대학에 몸담고 계신 여러분의 선택에 맡긴다.

서문

대학이 위기라는 데는 아무도 이의를 제기할 수 없는 상황이다. 대학위기는 대학을 설립하여 학생을 충원하면 저절로 성장하던 때와는 달리 대학들의 부단한 노력 없이는 이제 더 이상 이러한 대학 성장은 어려운 상황인 것이다. 2020년만 해도 4년제 대학의 미충원 인원은 6만 5000명이나 되었고, 재정 적자에 직면한 대학만도 80여 개 대학에 이르고 있다. 이러한 대학 위기 현상은 교육 행정의 관점에서 대학을 경영하고 대학을 운영해 왔던 사고가 더 이상 대학 성장에 도움이 되지도 않고 대학 생존에 보탬이 되지도 않는다는 반증이기도 하다. 이제 대학은 지속적인 혁신을 통해서만 지속 가능한 성장이 있을 수 있고, 혁신을 통해서만 차별화와 특성화를 통해 대학이 생존할 수 있다는 의미이다. 최근 적자를 기록한 하버드 대학의 사례에서도 볼 수 있듯이 세계의 유수대학이라고 해서 예외가 될 수도 없고, 미국을 비롯한 유럽, 일본 등 세계 각국의 대학들이 우리처럼 위기에 직면해 있는 것이다. 이처럼 대학이 위기인 이유는 전통적 대학관의 급격한 변화에서 그 이유를 찾을 수도 있지만, 이보다 4차 산업 이후에 학습 방법의 대혁명과 직업 생태계의 커다란 변화에서도 그 근본 이유를 찾을 수 있다. 한마디로 대학 교육이 더 이상 급격히 변하는 4차 산업형 기업 인재를 기르는 데는 적합하지 않다는 것이다. 이 점에서 교육의 혁신은 교수 혁신, 연구 혁신, 학습 혁신, 그리고 대학 문화의 혁신 등 대학의 총제적인 혁신을 의미하며, 이러한 혁신을 통한 대학 패러다임의 새로운 정립만이 답이 될 수 있다. 특히 대학의 위기는 대학 환경의 총체적인 변화와 직결되어 있기 때문에 종래의 대학 개혁이나 구조조정 수준이 아니라 총체적인 혁신, 다시 말해 신대학 패러다임을 설정하지 않으면 생존 자체가 불가능하다는 것이다. 대학 학령인구 급속한 감소 등의 인구 특성의 변화, 초고령화 사회와 출산율 절벽 등 인구 생태계의 변화, AI 등장에 의한 학습 방법과 과정의 변화, 메타버스 등의 혁신적 교육 방법 등장, 그리고 교수와 학습자의 역할의 변화 등 다양한 형태의 핵심적인 전환 없이는 생존이 불가능하다는 것이다.

이 책은 대학 혁신의 패러다임이 필요하다는 전제하에 대학의 위기와 환경 변화, 신대학 패러다임의 방향, 그리고 위기를 벗어나 살아남고자 하는 세계 대학들의 혁신의 내용 등을 다루면서 세계 대학의 혁신 전쟁의 현장을 살펴보려 노력하였다. 한

마디로 세계 대학들이 대학 위기의 상황 속에서 어떻게 살아남기 전략을 하고 있는지에 대한 내용들을 모으려고 노력하였다. 깊이 있는 혁신 내용을 소개하는 대학도 있고, 중요한 혁신 어젠다만을 다루는 대학도 포함되어 있다. 이 책에서 다루고 있는 세계 23개국의 대학들이 혁신을 해 나가는 내용을 담으려 노력하였다. 특히 미국과 일본, 그리고 유럽의 대학들의 경우는 포함된 대학 수가 많고, 우리에게 직·간접적으로 혁신의 지혜를 줄 것으로 여겨진다. 이 책은 깊이 있는 이론이라기보다는 혁신의 개념이나 방향, 혁신이 필요한 환경 등의 경우는 체계적으로 다루려 하였으나 세계 각국 대학들의 혁신 내용들은 그 내용 자체를 소개하는 데 관심을 두었고, 깊이 있는 내용을 다루는 데는 한계가 있으리라고 본다.

수년 전 일이다. 공동 편저자 중 김종량 한양학원 이사장은 일본 사립대학법인협의회의 초청으로 일본 대학들이 어떻게 살아남기 전략을 추구하는지 탐방하고 연구할 기회를 갖게 되었다. 어느 대학을 방문했을 때 그 대학의 총장은 직접 PPT 소개를 하면서 첫 페이지를 화면에 띄웠는데 그 화면에는 단 한 마디, 'Survival'이라는 단어가 있었다. 그때 일본의 대학들도 살아남기 위해 고군분투하는 것을 보고 기획하기 시작한 것이 바로 이 책이다. 이 책은 생존을 위해 개혁에 힘쓰고 있는 세계 23개국 대학들의 개혁 전쟁이 어떻게 대학 살아남기의 지혜가 될 수 있는지에 시사점을 얻고자 했다는 점을 밝히고 싶다. 여러 기관에서 제시한 기존의 일부 내용들도 포함하고 있다는 점을 밝히면서 부족한 이 저서가 위기에 처한 대학 구성원들에게 세계 대학 혁신의 흐름을 읽는 데 도움이 되기를 기대한다.

2021. 10. 10.

김종량·이현청

차례

대학의 위기

1. 고등교육 재정 부족
   - 미국이 등록금 수입비율이 30.5%인 데 반해 등록금 수입비율 평균 40.9%(사립대 47.3%)
   - 교수 해외대학의 60% 수준

2. 높은 등록금 의존율
   - OECD 국가 중 대학생 1인당 공교육비 수준 29위권인 하위권
   - 민간 부담 공교육비 수준 6위 정부 부담 30위(OECD 통계)
   - 대학예산 해외대학 10분의 1수준
   - 장기적지원책으로 고등교육 재정교부금법 제정의 필요

3. 재정 관련 규제
   - 대학의 자율성과 수익사업허용 대폭 필요
   - 교육용 재산을 수익용으로 용도변경 허용 확대 검토 필요
   - 대학혁신사업비 지원시 집행에 자율성 결여

4. 대학통폐합 필요성 증가
   - 대학통폐합 유도 필요
   - 공유대학 등 대학 간 연계 강화 부족

대학의 위기 요인

- 학령인구 급감으로 인한 대학 정원 미충족 사태
- 지방대, 전문대의 열악한 환경
- 수도권-비수도권(지방)의 불균형
- 각종 규제
- 획일적인 대학평가 방식
- 자율역량의 부족
- 대학문화의 보수성
- 일반 대학과 사이버 대학 간 벽 없는 정책

적자 난 하버드 대학

하버드 대학에 의하면 2020회계연도에 1005만 달러의 손실이 발생해, 1930년 대공황 이래 처음 적자를 기록하였다. 주원인은 외국 유학생수 감소, 등록금 감소, 행사와 기숙사 학생식당 등의 수익 감소와 함께 온라인 수업 시스템 구축과 방역 강화 등에 들어가는 비용이 크게 늘어났기 때문이다.

필라델피아 연방 준비은행과 뉴욕대 스콧갤러웨이 교수 등에 의하면 미국 대학들의 이러한 손실은 향후 지속될 것이고, 심지어는 5년 내지 10년 후에는 대학의 절반이 사라질 것이라고 하는 경고를 하고 있는 형편이다. 앞으로 5년 간 미국 대학들은 약 79조에서 129조 8000억 정도의 손실이 예상된다고 전망하고 있다.

세계 각국 대학들의 적자 위기

세계 대학들이 대학 산업의 전성기를 맞던 때와는 달리 영국과 호주 그리고 EU국가의 대학들은 모두 적자위기에 처해 있다. 영국의 경우 14%, 호주의 경우 21%, 그리고 다른 국가의 대학들 또한 미국 대학들에 비해 두배에서 세배에 달하는 적자가 예상된다. 코로나 사태 이후 미국대학들의 인력감축은 65만 명에 이르고 기존 대학들의 재정난과 생존 전략은 더욱 심각한 위기극복의 절박한 대안으로 대두되고 있다. 비대면 원격수업이 보편화되면서 온라인 학위가 증대하고 있으며 구글의 구글경력인증서 프로그램 등 미니 학위, 마이크로 학위 등 새로운 대학 학위 대안들이 급격히 확산되면서 온라인 학위와 실제 학위 경계가 사라지고 온라인 학습시장이 급격히 증대함으로써 2027년에는 1조 달러(약 1136조 원)에 이를 것이라고 콜롬비아 대학 피오나 홀렌즈 연구원은 설명하고 있다.

우리나라 대학들도 예외는 아니고 학령인구 급격한 감소와 등록금 동결 코로나 사태에 따른 온라인 강의의 확산 등으로 우리나라 대학들은 외국 대학들보다 훨씬 더 심각한 지경에 처해 있다. 일본도 예외는 아니고 658개 법인의 18.4%에 해당하는 121개 법인이 파산 지경에 처해 있다. 우리나라 대학들의 경우 사립대 118개 대학 중 72%에 해당하는 85개 대학이 적자였고, 올해 미충원 인원만 6만 5000명이나 된다. 우리 대학들도 2024년을 기점으로 급격한 파산우려마저 야기되고 있다.

신대학 패러다임과 메타버스 등장

- 신대학 패러다임
  - 미니대학 등장
  - 마이크로 학위 확산
  - 나노 학위
  - 학습 플랫폼 확산
  - MOOC형 플랫폼 확산
  - 생애주기형 학위 과정

- 교육 방법 혁명
  - 메타버스의 확산
  - super learning 등장
  - mega learning 등장
  - meta learning 등장

대학혁신 변화 패러다임

1. 시스템

캠퍼스 중심	→	탈캠퍼스 중심
off – line	→	on – line
공급자체제	→	수요자체제

2. 학습방법

융합학습방법	→	초학습방법
교수 중심	→	컨텐츠 중심
PBL, SBL Flipped learning 등	→	megaverse형 학습

3. 대학혁신 단계

education → learning → superlearning

→ on – line learning → superlearning

superlearning → metaverse 형 → megaversity 형 → mega metaverse 형

메타버스형 학습혁명 (AR+VR=PR혁명 시대 도래)

가상공간을 통해 현실의 다른 자시의 아바타를 통해 활동하고 표현하는 '메타버스'(meta+verse)는 현실을 초월한 가상세계이다. 이러한 메타버스는 쇼핑 등 일상생활은 물론이고 교육에도 지대한 영향을 미치고 있고 대학 혁신, 특히 교육과 연구 영역의 대변화를 예고하고 있다. 학교의 행사는 물론 학사일정, 수업 등에도 메타버스 캠퍼스로 전환이 진행될 것이다.

이미 국내의 일부 대학에서도 메타버스를 도입해 강좌에 활용하고 있고, 컨퍼런스 등 다양한 학구활동이 이루어지고 있다. 대학강의, 학술행사, 축제 등에도 적용하고 있다. 가상 아바타로 자신을 표현하고 대화가 가능하며 상품도 구매할 수 있다. 이미 SH대, SS대, K대 등에서 활용되고 있고 외국 대학들에서도 활용이 확대되고 있다. 향후 대학혁신의 핵심영역의 하나로 자리잡게 되고, 한마디로 AR+VA=PR이 되는 교육환경으로 대전환이 불가피할 것이다.[1]

대학교육의 혁신은 이러한 인공지능과 빅데이터 등의 대혁명으로 '물리적 대학'(physical university)에서 '가상 대학'(virtual uni-

1 이현청(2019), 4차산업혁명과 대학의 미래, 서울 학지사.

versity)을 거쳐 메타대학(metaversity)로의 급격한 변화가 불가 피하게 되고, 대학은 '학습 플랫폼'(learning platform)에서 한 발 더 나아가 '메타버스 플랫폼'(metaverse platform)으로의 전환 을 눈앞에 두고 있다고 볼 수 있다.[2]

인공지능과 IOT 등의 융합이 더 진보하면 메타버스의 혁신도 급속히 발달되리라 믿어진다. 아바타가 실제 식물인간과 유사하거나 동일해지게 되면 더 가공할 학습혁명과 삶의 대변화가 불가피할 것이기 때문이다.

메타버스 강의실 등장은 물론, 증강현실 안경을 활용한 실험실습, 실시간 통번역, 인공지능조교 등이 확산하게 되고, 대학경쟁은 지역이나 국가 차원보다는 '세계를 장으로' 이루어질 가능성이 점점 높아지고 있다. 이 점에서 개별대학의 혁신전략은 세계 관점과 지역 국가적 관점에서의 양측 전략으로 진행되어야 할 것이다.

물론 다소 시간이 소요될 수도 있다. 예견되지만 AR(증강현실)→ VR(가상현실)→AVPR(증강, 가상 물리현실)로의 진화는 지속될 것이고, 대학은 향후 '메타버시티'(metaversity)를 거쳐 '메가 메타버시티'(mega-metaversity)로의 전환이 이루어져 세계의 모든 대학들의 '메타버스 플렛트폼' 역할로 전환할 가능성이 짙다 예견된다.[3]

이러한 점에서 지속적인 혁신이 없는 대학은 생존 자체가 어렵게 되고 소멸될 가능성이 높아지게 될 것이다.

2 이현청(2020), '대학학습패러다임의 변화와 대학혁신' K대 교수 특강자료, 2020.12.

3 이현청(2021), 대학 살아남기, 서울 : 한양대학교출판부.

삼호라이즌과 메타버스 캠퍼스의 미래

메타버스 사례	호라이즌 I	호라이즌 II	호라이즌 III
메타버스기술 완성	• 증강현실안경 등장 • 가상현실기재 진화	• 가상현실안경 등 보편화	• 완전몰입형 가상현실 확대
메타버스 캠퍼스	• 태블렛 PC가반 메타버시티 등장 • 메타버스 강의실, 실험실 등장	• 몰입형 메타버시티/멀티버시티 등장	• 완전 몰입형 메타버시티/멀티메타버시티 캠퍼스 확산
시기	2021–2024	2024–2030	2030–2040

출처 : 1. 한국대학신문(2021), 메타버스 특집, 메타버시티, 멀티버시티 전략, 2021.09.05일자.
2. 페이스북(2020), 호라이즌 위크 추가 재구성.

Chapter 1

위기의 대학환경과 신대학교육 혁신

위기의 대학환경

① 하이텍 → 스마텍

② 영역노동자 → 텔레노동자 → 가상노동자

③ 단일국가 → 지역연합국가 → 세계국가

④ 인지적 지성 → 감성적 지성, 미디어 지성

⑤ 블랙박스 → 사이버 박스

⑥ class anomie → digital anomie

⑦ 대면교육 → 인카운터 학습

⑧ learning complex → learning platform

⑨ university → new mega university

⑩ class learning → super learning → mega learning → meta learning

⑪ metaverse의 확산

신대학교육 패러다임 확산

전통대학교육의 변화는 결국 신대학교육의 확대를 의미하고 이러한 과정에서 불가피하게 전통대학교육과 신대학교육 간의 역할과 기능의 문제가 대두하게 된다.

신대학교육은 그 대상과 체제, 방법 면에서 전통대학교육과는 커다란 차이를 나타낸다. 무엇보다 방법 면에서 두드러진 특징을 지니고 있고 시간, 장소, 내용, 대상 등의 측면에서도 많은 유연성을 지니고 있을 뿐만 아니라, 한 마디로 학습자 중심의 무정형적 대안교육(Nonformal alternative higher education)이 가장 큰 특징이라고 볼 수 있다.

신대학교육은 크게 가상 대학(Virtual university), 교외 프로그램, 이동 학습 프로그램(Mobile learning), 학점 은행제(Credit bank system), 경험 중심 학점제(Experience based learning system)

등의 다양한 비정규 프로그램과 재택학습(Home Schooling) 프로그램, 협력학습(Co-learning program) 등을 지적할 수 있다.

이러한 신대학교육은 전통대학교육에 비해 대상이나 내용, 수업장소와 시간, 학습내용 등이 매우 광범위하고 유연성을 지니고 있다는 점인데 한 마디로 언제, 어디서나, 누구든, 무슨 내용이든 지율적으로 학습할 수 있다. 그러므로 신대학교육은 다분히 학습자 중심의 평생교육 체제적인 특성이 두드러진다는 점이다. 다만 우리나라 고등교육 정책이 중앙집권적, 정부주도적, 획일적인 법적규제가 많다는 점 때문에 다소 시간이 걸릴 것으로 예견되어 안타까울 뿐이다.

신대학교육의 특성을 요약해 보면 다음과 같다.[1]

- 입학과 졸업 등 자격요건의 탄력성이 높다.
- 학습 대상이 연령, 인종, 국적 등을 초월하여 광범위하고 폭이 넓다.
- 학습 시간과 방법 등 학사운영체제가 학습자 중심적인 특성이 두드러진다.
- 정형적인 커리큘럼보다 주문형 커리큘럼 내지는 학습자 중심의 학습체제로 운영되는 경우가 많다.
- 주로 시간제 학생이 많은 특성을 지닌다.

---

1 이현청(2019), 신대학 패러다임 확산, 4차 산업혁명과 대학의 미래(서울 : 학지사).

- 전통대학교육과의 연계 체제가 가능하다.
- 교수 방법 면에서 컴퓨터를 활용하는 CBL(Computer Based Learning), CAT(Computer Assisted Training) 등 다중매체, 스마트폰과 웹 중심형 핸디 학습(Handy learning) 그리고 지식매체(Knowledge media)를 활용한다.
- 재택 학습 방법이 활성화되어 있다.
- 산업현장에서 필요로 하는 적시성 교육이 강조된다.
- 일반적으로 방법 면에서 성인교육 기법이 강조된다.
- 운영 면에서 학습자 주도적 사이버 체제에 의존하는 경향이 높다.
- 입학의 문호가 매우 넓고 특별전형, 예컨대 경험 중심 입학(Experience based admission) 등 다양한 선발 방법이 활용되고 있다.
- 지역사회나 산업체 등 교육자원의 활용범위가 넓고 지역사회는 물론 세계적 관점에서의 열린 학습장의 특성을 지닌다.
- 학습망의 성격을 띠는 경우가 많고 전통대학 간의 컨소시엄형 신대학 프로그램으로 운영되는 경우가 많다.
- 전통대학 사회 프로그램과의 연계프로그램으로 운영되는 경우도 많다.
- 대상 면에서 성인 학습자가 주된 그룹으로 등장할 가능성이 있다.
- 탈국적 교육의 확산이 이루어질 것이다.

- 다언어, 다민족, 다국적, 다전공의 다원화가 이루어질 것이다.
- 학점 단위 학사운영이 패키지 단위 학사운영으로 바뀔 것이다.
- 6개월~1년 단위의 나노 학위, 미니 학위, 마이크로 학위의 확산이 이루어질 것이다.
- 학습 혁명으로 자기주도적 '원자화 학습자'가 크게 확산될 것이다.

이와 같은 신대학교육은 대상 면에서나 프로그램 범위의 측면에서 매우 다양하고 광범위하기 때문에 정형화하기에는 무리가 따른다. 가상대학의 경우만 보더라도 2019년 4월 세계적으로 추산하여 2만 8000여 개에 이르고 수강 학습자만도 4억 2000만 명 정도로 추산하고 있다(미국 campus life, 2019).

이 외에도 미국의 경우를 예로 들면 각종 통신매체나 자기주도적 학습에 의한 여러 유형의 재택학습자들도 전체 인구의 53%에 이르고 있다. 그러므로 신대학교육은 시간제, 단위학점 이수제, 재택학습자 등의 특성 속에서 급속한 성장을 거듭하고 있다.

전통대학교육과 신대학교육 간에는 여러 측면에서 확연하게 다른 측면이 있고 향후의 기술과 대학교육 간의 측면에서 본다면 상호 보완적인 측면이 많다고 볼 수 있다. 그러나 대학교육의 목적과 교육대상의 변화를 감안할 때 교수 위상의 변화가 불가피하고 신대학교육의 확대는 향후 대학교육 패러다임의 이동을 예고하고 있다.

대학교육 패러다임 대전환

21세기에는 대학의 교육적 사명과 기능의 대전환이 이루어질 것이다. 대학교육 패러다임 변화의 전망을 정리하면 다음과 같다.

첫째, 정규교육에서 재교육 내지 훈련으로의 변화가 두드러질 것이다. 대학이 캠퍼스 중심 교육에서 탈피하여 누구나 일생 동안 학습할 수 있는 장의 역할을 할 것이며, 상아탑적 지식과 강단 교육에 그칠 것이 아니라 적시성 지식의 개발과 발전이 괄목할 만하게 이루어질 것이다.

둘째, 대학교육 기회의 평등을 구현하는 다양한 제도가 도입될 것이다. 이러한 다양한 제도의 도입으로 결국 신대학교육의 대폭적인 확산이 이루어질 것이다. 그 예로써 부분 전통대학, 학점연동대학, 다국적 학점연계 대학 등이 다양한 제도의 보기이다.

셋째, 사회적 요구를 충족하기 위한 산·학 연계가 강화될 것이고, 대학은 직업창출과 구직의 이중적 역할을 조화시킬 의무를 갖게 될 것으로 보인다.

넷째, 대학교육에서 비정규 교육의 확대는 대학교육에서의 수월성 문제를 더욱 강조할 것이다. 질 관리 체제의 일환으로 국제적 질 관리 체제의 도입이 불가피할 것이다.

다섯째, 대학의 새로운 패러다임은 정규 학생과 시간제 학생, 학위취득과 재훈련 목적의 학습자를 조화롭게 교육하는 과제가 대두될 것이다.

여섯째, 대학교육은 전통대학교육과 신대학교육의 접목에 의한 제3유형의 새로운 패러다임의 출현이 예견된다. 제3유형의 신패러다임은 다국적 현장 중심의 학습망의 특성을 띨 가능성이 높고 초거대 대학의 면모를 갖출 것이기 때문에 전자매체형 초거대 대학(Megaversity)의 일례가 될 것이다(이현청, 2016).

일곱째, 교수 인력의 두드러진 감소가 예상되고 선진국의 경우 2040년경에는 교수의 숫자가 절반 이상으로 감소되고 신대학의 확산에 의한 전통대학 커리큘럼의 대폭 축소가 예견된다.

이 외에도 21세기의 대학 모습은 대학해체 내지는 전통대학 무용론이 등장할 소지마저 있는 다양하고 광범위한 변화가 이루어질 것으로 보인다. 그런 점에서 21세기 대학교육은 어쩌면 '대학의 종언'이 이루어질 가능성마저 있고, 신대학과 전통대학 간의 전쟁(War between traditional university and nontraditional learning)이 불가피할 것으로 예측된다.

IT 기술의 급격한 발달과 정보화 체제의 확산에 따라 1~2년마다 지식양의 배가가 이루어지고 21세기의 지식의 양이 20세기의 15배에 이를 것이라는 전망을 볼 때, 전통대학교육의 모습은 어떤 형태로든 대전환의 시기에 도달한 것이다. 이러한 전환 과정에 필요한 기간이 어느 정도일지는 단정할 수 없지만 인공지능에 의한 지능 교수(Smart prfessor)나 초능력 학습(Super learningg) 등이 확산되면 전통대학은 의외로 짧은 기간에 혁명적인 패러다임의 전환이 이루어질 것이다.

따라서 도식적으로 경직된 대학관을 탈피하여 대학의 본질적인 이념과 기능을 훼손하지 않는 자세로 변화를 수용하고 개선해 나간다면 전통대학과 신대학을 접목한 이상적인 21세기형 대학의 정립이 이루어질 것이다. 그때 '모든 이를 위한 대학교육'이 가능하고 사교육비 문제 등 우리 사회가 안고 있는 고질적인 교육병리현상도 자연치유될 뿐만 아니라 누구든 능력과 자질에 따라 학습하는 '대학 학습 사회(College learning society)'가 구현될 수 있을 것이다.

대학 패러다임 대전환의 경향 [2]

① 사이버 대학과 일반 대학 간의 벽 붕괴

② 온라인 교육과 오프라인 교육의 벽 붕괴

③ 평생교육기관과 정규교육기관 간의 벽 붕괴

④ 기업체 교육과 대학교육 간의 벽 붕괴

⑤ 시간제 학생과 정규 학생 간의 벽 붕괴

⑥ 자국 학생과 외국 학생 간의 벽 붕괴

⑦ 대학 간 국가 간 학점 교류의 벽 붕괴

⑧ 법적 졸업이수학점의 벽 붕괴

⑨ 자격증과 학위 과정 벽 붕괴

⑩ 계속교육(Continue education)과 후속교육(Furture education)간의 벽 붕괴

---

2 이현청(2020), 대학 패러다임 대전환, 2020.12. (미출간 특강 자료)

Chapter 2

대학 혁신의 방향

4차 산업[1]

- **인프라**

  - 4차 산업혁명시대 대학교육혁신의 인프라는 환류체계를 중심으로 구축되어야 함. 미래 사회에서 '4차 산업혁명'으로 대변되는 급격한 기술의 변화는 산업은 물론 사회 전반적 구조에 변화를 일으키고 있음(장필성, 2016). 교육 분야도 예외는 아니며 대학도 역할, 교육방식, 교육내용 등에 대한 변화의 요구를 끊임없이 받고 있음(이현청, 2000, 2012, 2014; 조헌국, 2017). 4차 산업혁명시대 대학교육은 교육 패러다임의 변화 과정에서 직면하는 문제를 적절한

---

1 강경리, 4차 산업혁명시대 대학교육혁신의 방향과 실제에 대한 분석 연구, 2020.

시기에 수정할 수 있는 제도적 개선방안이 요구됨(김형란, 오현주, 2019).

- 4차 산업혁명시대 대학교육혁신의 환류체계 구축은 대학교육혁신을 위한 실질적 변화를 유도하기 위해서 대학의 변화를 지속적·주기적·체계적으로 통합 관리 할 수 있는 시스템 마련이 필요. 즉 최근 대학 졸업생이 사회나 기업에서 요구하는 역량을 제대로 갖추고 있지 못하다는 지적에 따라 대학교육이 더 이상 학문 이론적 교육만 강조할 수 없는 상황(이해주, 2010).
- 대학은 정형화되고 잘 정리된 지식을 전달하는 기존의 역할에서 학생들의 창의적 문제해결 능력을 향상하고 새로운 환경에 잘 적응할 수 있는 역량을 갖추도록 하는 것으로 변화하고 있음(이현청, 2014, 2018, 2002; 변기용 외, 2015; 소경희, 이상은, 박정열, 2007).
- 따라서 4차 산업혁명시대 대학교육은 제도화된 시스템 구축을 통해 가르치는 조직에서 학습조직으로, 교수 중심에서 학습자수요자 탈시간·공간 유비쿼터스로, 혼자만의 학습에서 상호작용·협력학습으로, 선형적·순차적 교육과정에서 다차원적인 경험으로, 그리고 정형화된 학습에서 현장중심 문제해결능력 강화로 교육의 패러다임 변화를 추구해야 함(이태억, 2018). 제도화를 통한 시스템 구축은 이러한 교육의 패러다임의 체계적 변화를 가능하게 할 것.

융합

- **교육부**[2]

  - 융합형 인재 양성을 위해 대학교육을 혁신. '학과별·전공별 칸막이'로 인해 경직적 방식의 교육이 운영되고 있는 대학 교육의 현실을 개선하기 위해, 다양한 학문 간 융합을 활성화하고 유연한 교육시스템을 갖출 수 있도록 융합학과 설치 요건을 완화하고, 집중이수제, 융합전공제, 학습경험 인정 확대 등 유연한 학사제도가 대학 현장에 정착되도록 '학사제도 운영 컨설팅'을 실시할 방침.
  - 또한 소재 부품 장비산업 등 원천 기술 확보 및 대외 의

---

2 김주찬, [대학 혁신의 4대 정책방향] 미래사회 대비 교육·연구 혁신, 파이에듀뉴스, 2019.08.07.

존도가 높은 분야의 핵심인재를 양성하겠다는 계획. 2021년 대학 기본역량 진단과 주요 재정지원사업(사회맞춤형산학협력선도대학 육성사업 등)을 연계하여 3·4학년 대상 융합전공 과정 신설을 유도하여 핵심 인재양성에 적극적으로 대응할 방침. 더 나아가 '사람투자-인재양성협의회'를 통해 범부처 협업과 지원을 강화하여 사람투자 10대 과제에 따라 분야별 인재양성 방안을 내실 있게 마련할 계획.

- 학제 간 융합과 산업계의 개방혁신은 모든 대학이 내세우는 최우선 전략. 그러나 거의 모든 지역의 설문조사에서 대학에 대한 기대를 접고 있다는 결과가 나타남. 문제는 연결의 방법론. '하면 된다'는 정신으로 목표를 설정하면 이루어지던 시대는 이미 지나감. 대학교수와 대학과 국가의 이해관계를 선순환시키는 비전이 필요. 글로벌 인재포럼 등의 주제는 한마디로 다학제 연구인데 대부분의 대학은 연결비용이 높은 오프라인 조직에서 연결을 공허하게 부르짖고 실제로 개별 교수들은 개별 연구에만 집중하고 있음.[3]

---

3 이민화, [이민화의 4차 산업혁명] 학제 간 융합, 지식공유 능력 높여야, 서울경제, 2019.01.30.

- 이제는 개별 교수와 연구실의 경쟁력이 아니라 연구실 간의 연결성에 따른 지식 공유 능력이 대학의 경쟁력이 되고 있음. 그 대안으로 클릭 한 번으로 다학제 연구를 시작할 수 있는 가상 대학(virtual university)을 제시하고 있음. 연결비용이 한계비용 제로에 수렴하고 눈에 보이지 않는 보상은 블록체인으로 가능하고 기존의 지식을 공유해 더 큰 혁신을 만들어 나누는 구조가 대학 혁신의 방향이 되고 있음.

- 산학협력으로 연구 혁신과 교육 혁신이 삼위일체로 융합되는 기업가정신 대학이 대학 혁신의 방향임.

- 주로 혁신 전략은 교육 혁신, 학습 혁신, 학생 경영 혁신, 교수 혁신 등 대학 시스템과 과정 등 총체적인 혁신이 필요함.[4]

---

4 이현청(2021), 위기 극복을 위한 구조 혁신 전략과 과제, 호서대, 건양대 특강 자료, 2021.09.08.

교육방법의 변화

- 학습자 중심의 교육과정 개편이 혁신의 중점 사항[5] : 'SMART 방식' 교수법 모델을 제시. 이는 **S**(Self-collabo) 학생 스스로 자기주도 학습과 협업할 수 있게 하는 교수법 **M**(Motivated) 문제·프로젝트 중심으로 운영되는 동기부여 식 학생 중심 교육 **A**(Adaptive) 학생 중심으로 진행되는 전공 맞춤형 교육 **R**(Resource free) 다양한 교육자원을 이용해 문제해결 역량을 갖출 수 있도록 교육 콘텐츠들을 활용하는 교육 **T**(Technology Embeded) 스마트 ICT를 활용한 양방향 교육 등.

---

5 허지은, [제3회 혁신 Webinar] "지금이 미래대학 만들어갈 때… 교육 혁신과 지향점 전환 동반돼야"(종합), 한국대학신문, 2021.04.15.

- 교육과정 설계 방식부터 혁신해야 함. 지금처럼 교수자의 입장에서 무엇을 가르칠지를 정하는 게 아니라 학생의 입장에서 배우길 원하는 것이 교육과정 설계의 첫 단계가 돼야 한다는 것.

- 교육 혁신을 위해 교수자의 역할 변화가 중요하다고 함. 미래의 교수자는 왜 학습이 필요한지를 깨닫게 해주고 스스로 학습할 수 있는 방법을 학생이 깨닫도록 '코칭'하는 역할. 가르치는 사람이 아닌 지도하고 조언하는 사람으로 변화돼야 함.

- 교육현장에서 새로운 교육법을 도입할 자세한 방법과 그 실효성을 평가할 수 있는 평가시스템이 개발돼야 함.

- 각 대학의 현실에 맞는 새로운 교수법을 만들어 확장하는 노력이 필요함.

- 온라인 교육을 겪으면서 지금의 대학생 세대는 K-MOOC 같은 온라인 강의에 더 익숙해짐. 온라인 수준의 평범한 오프라인 교육으로 돌아간다면 학생들의 불만이 커질 것.[6]

6 김용석, 종강 다가온 '코로나 학기'… 교육혁신 계기 삼아야, 중앙일보, 2020.06.16.

- 코로나19가 대학에 큰 변화를 몰고 온 것은 틀림없음. 누구도 할 수 없었던 교육혁명이 단기적으로 이루어진 셈. 온라인 교육은 가르치기(Teaching) 중심에서 배우기(Learning) 중심의 자기주도 학습을 가능하게 해줌. 온·오프라인의 장점을 적절하게 살린 혼합형 학습이 교육 혁신의 방향이 돼야 함.

- 이제 반드시 강의실에 모여서 수업해야 하는 시대는 아님. 집합교육을 중심으로 온라인 교육을 보완하거나, 온라인 학습에 오프라인으로 보조하는 방법 등 각 교과목의 성격에 따라 다양한 방식의 수업이 얼마든지 가능함.

- 기업은 생존을 위해 늘 혁신. 혁신의 이유를 자기반성과 위기의식에서 찾은 것이 혁신의 시작. 대학들도 정말 왜 변해야 하는가에 대한 이유를 찾아야 하고 뼈저리게 느껴야 함. 그리고 실행과정에서 고통을 감내해야 비로소 정착됨.

- 기업·정부·대학 등 모든 조직이 혁신을 부르짖지만 성공사례는 많지 않음. 이미 성취해 안정된 체제를 바꿀 각오가 돼 있어야 함. 혁신은 가치 창출의 활동. 새롭다고 무조건 혁신이 아님. 새로움이 가치와 연결돼야 혁신이라 할 수 있음.

- 코로나19를 막기 위한 온라인 수업은 교육을 발전시키는

좋은 실습의 계기가 됨. 조만간 1학기를 마치고 나서 각 대학들은 온라인 교육을 냉정하게 평가하고 분석하는 시간을 꼭 가져야 함. 변화의 주체는 교수 자신이고 쉬운 것부터 철저히 바꿔나가야 함. 코로나19의 위기를 기회로 삼아서 진정한 교육혁신을 실천하길 기대.[7]

- 대학은 4차 산업혁명시대를 살아갈 인재를 양성하기 위해서는 교육방법에 혁신을 가져와야 함.[8]

- 학생들의 참여와 경험을 증대하는 방향으로 교육방법을 혁신해야 함. 학생들은 참여를 통한 직접적 경험에 의하여 이론을 학습할 때보다 비판적이며, 창의적이고 융합적으로 생각하는 인재로 성장함.

- 대학은 학생들이 프로젝트 학습, 문제기반 학습, 팀 학습, 서비스 러닝, 탐구 및 발견학습을 할 수 있도록 여건을 조성하여야 함.

- 대학은 발달한 첨단 AI형 공학기기와 5G 등 통신기술 및 기기를 학생들의 교육에 적절하게 활용하여 그들로 하여금

---

7 Larry Bacow, Forward thinker, Harvard Gazette, 2021.09.02.

8 제4차 산업혁명 대비 대학의 혁신 방안, 포항공과대학교, 2016.12.

보다 효율적으로 학습하게 만들어야 함.

- 대학은 학생들이 많이 아는 것만 추구하는 "표층학습(surface learning)"보다는 많이 알면서도 동시에 깊이 알고 새로운 산출물을 만들어 낼 수 있는 능력을 기를 수 있는 "심층학습(deep learning)"으로 변화가 필요함.

- 대학은 학생들이 전공 학문의 칸막이 학습에서 학과나 전공의 벽을 넘나드는 학습을 하도록 해야 함. 탄탄한 기반 지식을 기초로 지식간의 연계와 융합을 통해 산출되는 창의적 학습이 중요함.

- 최근의 인재상은 넓고 깊게 아는 'T'자형 인재상에서 이러한 인재상을 키우기 위해 이러한 학습이 반복되는 'M'자형 인재상으로 변화되고 있음을 주목할 필요가 있음.

교육과정의 변화

- K대. 미래형 교육과정 'PLUS학기제', '융합모듈클러스터'[9]
  - 사회·산업수요와 대학교육 간의 미스매치, 학령인구 감소, 4차 산업혁명에 따른 일자리의 급격한 변화 등의 대학을 둘러싼 급격한 환경변화에 능동적으로 대응하기 위해 지난 3년간 학부교육의 혁신을 지속적으로 추진해옴.
  - 특히 프라임사업과 LINC+사업, 소프트웨어중심사업 운영을 통해 산업친화적인 창의·융합인재 육성을 목표로 학사구조 개편, 교육과정 혁신, 교육환경 및 교육인프라 혁신, 진로·취·창업 교육 강화, 인문학 진흥, 지역사회 연

---

9 최창식, '미래 교육, 혁신 교육'으로 4차 산업혁명 견인, 대학저널, 2018.12.27.

계 강화 등 학부교육 전반에 걸쳐서 체질 개선을 진행해옴.

- 대표적인 미래형 교육과정에는 'PLUS학기제'와 '융합모듈클러스터'. PLUS학기제는 산업계 수요, 학생, 기업 등 다양한 교육 수요자의 요구와 국제적 변화의 흐름에 부응하는 교육과정으로. 기존의 4학년제 8학기제의 틀에서 벗어나 학생들이 자기주도적으로 학기와 커리큘럼을 입체적으로 설계할 수 있는 유연한 형태의 학사제도 혁신 방안(최창식, 2018).
- '융합-모듈클러스터'는 각 학과의 교육과정으로부터 기술이나 필요역량 단위로 구성된 트랙과 모듈의 집합체를 의미. 트랙과 모듈 구성을 통해 교과과정은 학과 단위가 아닌 학생들에게 주어지는 역량과 성과, 전문 분야에 대해 독립적으로 구성되고 운영되며, 산업적·학문적 수요에 의해 동적으로 개편됨. 현재 K대는 모든 프라임 신설학과에서 융합-모듈 클러스트 교육과정을 개발해 운영하고 있으며, 특히 인공지능 등 4차 산업혁명의 대표적인 첨단기술을 활용할 수 있는 인재 양성을 위해 트랙과 모듈을 중심으로 한 SW교육 혁신도 추진하고 있음(최창식, 2018).

- G대, 예일대 등 명문대에 썸머스쿨 파견
  - 2019년 여름부터 예일대 등 미국 명문대에 재학생을 파견함. 학생들의 해외 명문대 수학 기회를 확대하고, 글로벌 인재 역량 강화를 위해 예일대, 위스콘신대, UC버클리대 등 미국 명문대에 재학생을 파견하는 'KNU 차세대 글로벌 우수인재양성' 프로그램을 추진하는 것.
  - 최근 예일대와 업무 협약을 체결하고, 올해 여름방학부터 매학기 방학 때마다 재학생 20명을 예일대에 단기 파견하기로 함. 위스콘신대와 UC버클리대는 현재 협약을 추진 중이며, 위스콘신대의 경우 학과별 특성화 프로그램을 통해 전공 관련 심화 수업을 들을 수 있도록 할 계획. 'KNU 차세대 글로벌 우수인재양성' 프로그램에 참여하는 학생은 기숙사비를 포함한 프로그램 비용 전액을 지원받을 수 있음(대학저널, 2018).

- K대, 해외대학 네트워크 확대
  - 1960년대 중반부터 전 세계 유수의 대학 및 국제기구와 교류를 이어오고 있음. 교류협정을 체결한 해외 대학은 총 78개국 529개교에 이름. 아울러 이들 대학과 교환학생, 전공연수, 단기연수, 복수학위 등 국제적 네트워크 확대를 위한 다양한 상호 교류 프로그램을 운영하고 있음. 또 유엔을 비롯한 국제기구와 각종 프로그램을 진행하며 교류 협력 수준도 심화하고 있음. 현재 이 대학에 유학

중인 외국인 학생은 97개국 3600명에 달함.

- D대, 창업 거점 대학 위상 강화
  - 2016년 중소벤처기업부의 '창업선도대학 육성사업' 선정을 계기로 학생들이 저학년 때부터 창업에 대한 관심을 갖고 도전할 수 있도록 다양한 기회를 제공하고 있음. 학생 창업 활성화를 위해 지난해 정규 창업 강좌 82개를 개설했으며, 약 4000명의 학생들이 창업 강좌를 수강하고 있음. 2017년 산업·행정대학원에 창업학과를 설치해 학부 때의 창업 도전이 보다 전문적이고 체계적으로 준비될 수 있도록 기반을 마련함. 학생들의 해외 견문을 넓힐 수 있는 '글로벌 창업캠프'도 꾸준히 열고 있음. 2018년 8월과 9월에는 각각 중국 심천과 인도네시아 자카르타에서 창업 캠프를 열어 자신의 창업 아이템을 발표하고 전문가들로부터 성공 창업을 위한 조언을 듣는 시간을 가짐.
  - 이러한 든든한 창업 지원 체계를 갖춘 결과, 중소벤처기업부 주관 창업보육센터 경영평가에서 최우수 등급, 경상북도 성과평가 1위를 획득. 지난해 중소벤처기획부와 경상북도 창업보육센터 평가에서 각각 우수BI(Business Incubator)로 선정됐고, 경산시 성과평가에서도 S등급을 획득하는 등 창업거점대학으로 위상을 높이고 있음.

- D대, 국내 '최고 수준의 국제화' 시스템 구축
  - 매년 3월과 9월 학생들은 미주, 유럽, 아시아, 오세아니아, 아프리카 등 전 세계에 분포된 282여 개 교류대학들에 교환학생으로 파견되고 있음. 교환학생 프로그램은 이수 학생들의 만족도가 매우 높을 뿐 아니라 현지 대학의 교환학생들의 평가 또한 우수.
  - 여름 방학에 시행되는 'DISS(D University International Summer School)'는 D대 교육 프로그램 중에서도 손에 꼽히는 국제교류 프로그램. 참가학생들은 현대 사회의 주요 화두에 대해 세계 각국에 모인 교류대학 학생들과 함께 한 달여 간 수업을 듣고 문화적 체험을 하며 지내게 됨.
  - '글로벌라운지' 역시 학생들의 글로벌 경쟁력을 배양해 줌. 글로벌라운지에서는 원어민 교수님들의 프리토킹, 주제별 토론, 1대1 맞춤 영어학습 지원 등 글로벌 경쟁력 향상을 위한 다양한 프로그램들이 준비돼 있음. 또한 이곳에서는 영어 영상물 시청과 서적 열람이 가능하며 영작문 첨삭, 발음교정까지도 가능.

- P대, 세계 483개 대학과 교류, 글로벌 전문가 양성
  - 세계 55개국 483개 대학(기관)과 교류협정을 체결하고 해외 파견 및 인턴십, 봉사활동 등을 통해 매년 1300명 이상의 학생들이 세계를 경험함으로써 글로벌 전문가로 성

장하도록 돕고 있음. 지난해 학생 장학금 수혜율은 83%로, 10명 중 8명이 장학금을 받음. 연간 재학생 1인당 장학금액은 284만 원을 넘어섬.

- 국내 대학 최다 4차례의 '대한민국 교육기부대상' 수상에 빛나는 P대는 연구·교육 외에도 사회와 국가에 봉사하고 나눔의 가치를 중시해 지역사회와의 긴밀한 협력과 소통을 통해 거점 국립대학으로서의 사회적 책무를 다하는 리더들이 커가는 명문대학.

- S대, BEAR 교육모델 구축, 학·석사 연계
  - 사업의 일환으로 2017년 BEAR(Best Education for Applied Research) 교육모델을 구축하여 실무 중심의 5년제 학·석사 연계 교육 프로그램을 운영 중. BEAR프로그램은 고급 실무 수행 능력을 갖춘 현장·연구형 엘리트를 양성하기 위한 실무 중심의 5년제 학·석사 연계 교육모델을 기초로 하는 S대의 특성화 교육모델. 2017년 4개 학과의 성공적 시범 운영을 통해 2018년에는 11개 학과로 확대하여 운영하고 있음.
  - BEAR프로그램의 비전은 '미래를 바꾸는 고급 실무 엘리트 양성'으로, 비전 달성을 위하여 5개 공통 사업과 각 학과별 1개의 전공 역량 특화 사업을 운영. 5개 공통 사업은 장기현장실습 고도화, 진로설계 모듈 운영, 학부생 연구원 제도 운영, 글로벌 전문 역량 강화, 5년제 엘리트

과정 운영으로 이루어져 있으며, 기업밀착형 학교 운영으로 기업 친화형 교육 생태계를 구축하여 BEAR프로그램의 브랜드화를 통한 실무 교육 및 취업률 제고를 목표로 함.

BEAR프로그램 참여 학과 학생들은 KIST, LG화학 등 장기현장실습 파견을 통해 실무 지식을 쌓고, 학부생 연구원으로서 활동하며 연구과제에 참여하는 등 연구 경험 축적의 기회를 제공받음. 또한, 해외 대학에 교환학생 또는 단기 해외 연수·인턴 등으로 파견되어 글로벌 전문 역량을 갖춘 엘리트로서 성장할 수도 있음.

- S대, 글로벌 외국어교육센터 신설
  - 대학의 교육목표 및 인재상과 사회수요에 부합하기 위한 통섭형 창의인재 육성을 위하여 2016년 3월 자유융합대학과 융합전공학부를 신설하였으며, 기존의 자유전공학부 및 교양교육부를 통합하여 그 첫 발을 내딛게 됨. 또한 2016년 11월에는 산하에 글로벌외국어교육센터를 신설하여 명실상부 교과-비교과, 전공-교양과정뿐 아니라 다양한 전공 연계를 통한 폭넓은 소양을 갖춘 인재양성 교육을 지원하는 단과대학이 됨.
  - 현재 54개국 294개교와 일대일 교류협정을 맺고 학생교환 프로그램 운영을 중심으로 활발하게 교류하고 있음. 또한 국제교환학생프로그램(ISEP) 회원교로서 총 71개국

551개교와 학생교환 프로그램을 운영하고 있음. 이외에도 해외대학에서의 동시 학위 취득이 가능한 복수학위 프로그램, 실무교육과 함께 현지 언어 및 문화를 직접 체험할 수 있는 글로벌인턴십, 방학기간을 이용해 장학혜택을 받으며 해외 체험이 가능한 해외 단기파견 프로그램도 꾸준히 운영 중. 해외대학과의 협정에 의거해 연간 약 500명의 학생을 해외에 파견하고 있으며, 연간 500여 명의 외국인 학생들이 교환학생 자격으로 수학.

연구

- **교육부**[10]
  - 혁신적이고 창의적인 연구를 위한 연구제도를 혁신할 방침. 2020년부터 새롭게 시작되는 4단계 BK21 사업에 연구성과를 질적으로 평가하는 제도를 도입하여 양적성과를 강조하는 연구문화의 한계를 극복하고, 기존 사업단 단위의 분절적 연구를 넘어 대학 본부가 전략과 비전을 가지고 연구 경쟁력을 향상시킬 수 있도록 지원함.
  - 이와 함께, 안정적인 학문후속세대의 양성을 위해 신진 연구자에 대한 연구와 강의기회 제공을 확대하고 대학

10 김주찬, [대학 혁신의 4대 정책방향] 미래사회 대비 교육·연구 혁신, 파이에듀뉴스, 2019.08.07.

강사제도 안착을 위한 노력을 지속. 이를 위해, 학술정책의 중장기 방향을 제시하고 학술정책을 총괄·조정할 수 있는 학술전담기구 설치 방안을 정책방안 검토과제로 제시하여 심도있는 논의와 검토를 해나갈 계획.

재정확대

- 실제로 우리나라 대학의 내부자원 부족은 오래전부터 지적돼 온 부분. 발전을 논하기에는 턱없이 부족한 재원이 대학 혁신의 발목을 잡고 있다는 점은 대다수의 대학 구성원이 공감하고 있음.

- 국제 수준에 미치지 못할 정도의 낮은 학생 1인당 공교육비로 미래사회에 대비할 수 있을 것인가에 대한 염려가 큰 상황임. 우리나라 초·중등교육은 OECD 평균을 웃돌고 있음. 그러나 대학교육은 오히려 계속 하락하고 있음.[11]

---

11 허정윤, [제3회 혁신 Webinar] "교육재정 확대 없이 대학 혁신은 먼 나라 이야기", 한국대학신문, 2021.04.14.

- 초등학교 교육 여건보다 못한 수준에서 대학 교육을 할 수 밖에 없는 처지.

- 우리나라 학생 1인당 정부 부담 공교육비는 3985달러로 이는 국민 1인당 GDP 대비 10.7%에 불과함. OECD 평균이 1만 267달러(24.2%)인 것과 비교해 볼 때 국제 수준을 밑도는 수준.

- 대학은 미래사회 선도의 책임이 있음. 하지만 현실은 대학 시설을 유지하고 원활한 대학 운영을 위한 재원조차 부족한 상황. 2020년 기준 사용 기간이 지난 실험실습기자재 27개를 조사한 결과 절반이 넘는 대학이 기한을 넘긴 실험실습 기자재를 사용 중인 것으로 드러남. 이런 현실 속에서 대학 혁신과 미래 대비를 말하기 힘듦. 대학 교육·행정 운영과 관련해서는 비정년 트랙 교원이 대폭 증가하고 계약직 직원이 넘쳐나고 있음(허정윤, 2021).

- 대학의 재정 부족은 교육 미래지향적 인재 양성의 걸림돌이 됨. 오히려 일부 대학은 추가 수입원을 확보하고자 무분별하게 외국인 학생을 받아들이는 실정.

공간개혁

- K대학교는 최근 남양주캠퍼스 창조관에 건축설계와 인테리어디자인 분야에 첨단기술을 적용한 '미래공간 융합디자인센터'를 개관.

- '미래공간 융합디자인센터'(이하 센터)는 건축설계와 인테리어디자인 분야에 첨단기술을 적용한 혁신적인 디자인 교육공간으로 건축과 인테리어를 직무별로 특성화된 공간에서 모듈화된 실습을 진행하고 자격증까지 취득하는 융합학습공간.[12]

---

12 신지원, 경복대학교, 카페같은 분위기 '미래공간 융합디자인센터' 개관, 한국대학신문, 2019.06.12.

- 센터는 기존 대학교육의 패러다임의 한계를 뛰어넘어 창의력과 상상력을 키우는 새로운 미래형 융합학습공간으로 공간을 기획하고 실제로 구현하는 방식을 혁신적으로 바꾸면서 학습과정, 프로그램도 탈바꿈하여 교육의 새로운 패러다임을 열었다는 평가(신지원, 2019).

- 센터 구성은 디자인기초모듈, 건축계획기초모듈을 갖춘 '기초디자인 스튜디오', 실내디자인모듈, 프리젠테이션모듈을 갖춘 '과정평가형 자격 스튜디오', 건축디자인모듈, CAD & 시각화모듈을 갖춘 '건축디자인 & ACU자격 스튜디오', 4차산업의 근간인 '가상현실(VR) & 3D 모델링 스테이션'으로 구성.

- 센터는 실무현장과 동일한 쾌적하고 융합적인 공간 구성으로 학생들의 창의적 작업과 실무능력을 키우는데 큰 역할을 할 것으로 기대.

- 센터는 개인별 노트북을 무선 인터넷으로 자유롭게 쓸수 있고, 개인실습과 그룹 프로젝트 수업과 오픈식 합동수업이 가능한 가변형 공간 구성이 가능하며, 최신 고성능 장비를 지원하여 VR과 3D모델링도 가능함.

- 또한 실제 설계사무소와 동일한 쾌적한 작업환경으로 개방

적이고 자유로운 실습분위기로 창의력과 상상력을 키우는 공간으로 거듭나고 있음.

대학 관련 제도의 혁신

대학의 자율성을 높이기 위해 대학의 규제를 혁신[13]

- 고등교육 규제에 대한 종합적인 분석을 실시하여 불필요한 규제를 발굴하고 폐지·완화하는 「고등교육 규제혁신 방안」을 마련.
  - 아울러, 대학 현장과의 상시적인 소통을 통해 각 분야의 규제를 적극적으로 발굴하고 개선.
  - 정부와 대학이 함께하는 「교육부-대교협 고등교육정책 TF」에서 합의된 규제 개선 과제(10건)를 우선적으로 개선

13 교육부, [교육부] 인구구조 변화, 4차 산업혁명 대응 「대학혁신 지원 방안」 발표, 2019.08.06.

하여 대학 현장의 규제 부담을 완화.

- 그간 계속된 규제개선 노력에도 불구하고 대학 경쟁력을 높이기 위한 근본적인 규제 개선이 필요하다는 요구가 지속됨에 따라
  - 대학 현장의 의견수렴을 거쳐 고등교육 분야의 각종 규제를 원칙적으로 허용하고 예외적으로 규제하는 「네거티브 방식」으로의 전환도 검토할 계획.

대학운영의 투명성과 책무성을 강화하기 위한 제도적 기반을 혁신

- 일부 대학의 비리와 연구부정 행위는 엄중하게 조치하여 교육·연구기관으로서 대학의 대국민 신뢰를 회복.
  - 연구윤리 확립을 위한 제도 마련과 함께 사립대학의 책무성과 투명성을 강화하기 위해 △사립대학 회계의 투명성 확대 △학교법인 임원의 책무성 제고 △사학운영의 공공성 강화 등을 위한 「사학혁신 추진방안」을 마련(교육부, 2019).

- 대학의 주요 의사결정 과정에 구성원의 참여와 소통을 확대하고 이를 진단 지표에 포함하는 등 대학의 민주적 의사결정 구조 조성을 위한 정책적 노력도 지속할 계획.

- 2018년 대학기본역량진단에서 정부의 개입을 최소화하고 대학의 자율발전을 지원하도록 대학평가의 방향을 전환하였으나,
  - 모든 대학에 대한 획일적 평가와 평가결과에 따른 정원 감축으로 대학의 평가부담이 크다는 의견이 제기됨.

- 2021년 대학기본역량진단에서는 교육의 질 제고와 대학규모의 적정화 지원이라는 진단의 목적과 기능을 명확히 하고,
  - 정부가 더 이상 인위적인 감축을 하지 않고 대학의 자체 계획에 따라 적정규모가 이루어지도록 지원하고,
  - 대학이 스스로 진단 참여여부에 대해 선택할 수 있도록 함.

- 이를 통해, 2021년 대학기본역량진단에서는 진단에 참여하는 대학 중에서 일반재정지원대상대학 여부만을 선정하고
  - 기본역량진단과는 별도로 정량지표와 재정여건 지표에 국한하여 재정지원제한대학을 지정하는 제도를 운영.

지역과의 상생

- 핵심은 산·관·학의 고리로서 그 중심은 대학과 지자체가 돼야 함.[14]
  - 전문가들은 대학이 지역혁신의 주체가 되기 위해서는 산-관-학 협동이 핵심 고리라고 강조. 지역의 기업에는 제대로 된 인재가 없는 것이 문제이고, 대학은 지역 인재를 공급할 수 있는 유일한 지식인 집단이기 때문임. 지역대학을 잘 활용해야 대학도 지역도 인재유출을 막을 수 있다는 결론이 나옴.
  - 또 산관학의 연계에는 중앙이 아닌 지역의 대학과 지자

---

14 이지희, [특별기획] 대학·지역 상생할 지역혁신 방향은 어디로 가야 하나, 2019.11.11.

체가 중심이 돼야 한다는 주장이 대두되고 있음. 중앙정부가 주도하는 사업은 지속성이 상대적으로 짧고, 예산 소요에 비해 지속성과 효과성에 한계가 있을 가능성 때문임. 정책이 세밀하게 적용되기 위해서는 대학과 지역에 자율성을 부여해 각각에 맞는 정책을 설계하고 중앙은 이를 지원해주는 방향으로 가야 함.

- 4차 산업혁명 시대에서는 신산업 영역이라 볼 수 있는 16개 정도의 첨단 영역이 점점 초지능, 초결합되는 것을 말하는데 지방에 있는 정부출연연구소와 산업체, 대학이 협력하면 상당한 효과를 볼 수 있음. 그렇게 되면 기관혁신, 대학혁신, 지역혁신이 동시에 이뤄질 수 있음.
- 대학과 지역이 협력해 지역혁신을 이루기 위해서는 정책을 당위론적으로 접근하면 생명이 짧음. 지역이 어떤 인력이 필요한지, 인력을 어떻게 흡수해야 할지, 또 어떻게 제대로 된 보상체계를 갖춰야 할지 디테일한 측면을 봐야 함.

유연한 학사제도

- 교육 수요자 중심의 유연한 학사제도 도입[15]
  - S대는 교육부의 산업연계 교육활성화 선도대학 사업과 대학혁신지원사업에 연이어 선정된 것을 계기로 4차 산업혁명 시대의 사회적 수요를 교육과정에 반영하기 위한 학사제도 개편을 꾸준히 추진해옴. 이는 학습 선택권을 확대하여 학생 개개인의 행복과 성장을 지원하는 'WISE 유연학기제'라는 형태로 구현됨.
  - WISE 유연학기제는 정형화된 4학년 8학기 제도를 탈피해, 한 학기 학사과정을 교육 수요자 스스로 디자인하는

15 김수정, "내가 원하는 기간에 배우고 싶은 것만 골라 공부해요", 조선일보, 2019.11.19.

새로운 학사제도. 예컨대 WISE 유연학기제 중 하나인 집중학기제는 현재 총 16주로 이뤄진 한 학기 학사과정을 전반기, 후반기로 나누어 각각 8주씩 집중 이수하는 형태로 운영. 가령 전반기에는 융합학부 '아두이노로 배우는 코딩의 세계'를 학습. 후반기에는 '창의적 기술' 과목을 이수하여 단기간에 4차 산업혁명 관련 IT 이론을 습득하고, 이론에 대한 이해와 응용능력을 강화하는 방식으로 활용할 수 있음.

- 또한 교과목에 산업 현장의 실무를 경험하는 현장실습, 자신의 아이디어를 바탕으로 창업에 도전하는 창업학기, 학생자율설계학기를 결합하는 성장학기제 등이 있음. 휴학생들도 MOOC(Massive Open Online Course, 대규모 온라인 공개 수업) 수강으로 학점을 인정받을 수 있는 플러스학기 제도 호응을 얻고 있음.
- 자기주도성장을 지원하는 유연한 학사제도로 학생들은 다양한 학습 선택 기회를 살려 진로 준비에 적극 나설 수 있고, 교원들도 연구 집중 기간 활용으로 연구 역량을 강화하는 효과를 거둘 수 있음.
- 이와 함께 올해부터 '자기주도진로설계프로젝트(이하 자진프)'도 시작. 이 프로젝트는 학생들이 자신의 진로에 필요한 전공역량을 고려해 스스로 한 학기 동안의 커리큘럼을 설계하고, 이에 따라 활동하여 결과물을 제출하면 학점을 인정해주는 자율설계 교과목. 1학기에는 총 14개

팀이 다양한 주제의 프로젝트를 완수. 학기 말에는 프로젝트 성과 발표회도 열어 피아노 연주 원리를 활용한 손가락 재활치료 기구를 개발한 재학생 팀이 최우수상을 받기도 함(김수정, 2019).

Chapter 3

미국

1. **연구중심 대학의 첨단융합 혁신 프로그램**
   (시카고, MIT, 칼텍, 하버드, 버클리 등)
   - 4차산업혁명 초첨단 영역중심 융합혁신(AI, 빅데이터, 핀텍, 초지능혁융합프로그램)

2. **주단위 중심 공유형 대학 프로그램**
   (캘리포니아 주립대, 인디애나대, 퍼듀대, 사우스캐롤라이나대, 일리노이 주립대 등)
   - 주에 산재되어 있는 대학간 기자재, 인력, 연구영역고유와 함께 개별 대학 강점을 살리는 공유형 혁신

3. **개발대학 교육방법 혁신 프로그램**
   (애리조나 주립대, 캘리포니아 주립대, 뉴욕 주립대 등)
   - MOOC+∝ 프로그램 등 학사체제와 학사운영과정 혁신

4. 비정규적 대학 혁신 프로그램

(알트 공대, 미네르바스쿨 등)

- 36~45개 학점 취득과 학습자주도형, Active learning 프로그램(나노 학위, 미니 학위, 마이크로 학위 등)

5. 지역사회기반 연계대학(공생대학) 프로그램

(school of technical careers, 특화의과학대학, 특화주립형대학, 특화단과대학 등)

- 3년제 지역중심 대학형프로그램과 4년제 단과대학형 특화의 기술대, 특화의과대형 혁신

미국대학들의 혁신 키워드는 다음과 같다.

① 첨단융합 혁신

② 메타버스 교육 방법 혁신

③ 대학간 지원과 인적공유 혁신

④ 온라인 무캠퍼스형 혁신

⑤ 주단위 연계공생대학(cooperative college system) 혁신

산학협력형 혁신 대학

혁신

- 개방형 순환 대학(Open Loop University)제도 운영.[1]

- 기존 학사(4년) 과정과 석사(2년) 과정을 통합, 6년 학제 동안 자유롭게 캠퍼스와 직장을 오갈 수 있는 유연 학제이다. 대학에서 배운 지식을 현업에서 활용하고, 부족한 지식을 다시 캠퍼스로 돌아와 채우는 방식. 정부 인가를 받아 학과별 정원을 조정해야 하고, 인공지능 대학원을 놓고 학과 간 대학 간 주도권 경쟁을 벌이는 국내 상황과는 매우 다르다.

1 박유빈, [해외 AI대학원] ① 스탠퍼드 대학 : 세계 대학 혁신 주도 '넘나들기' 학제, 비전 2025 선포, 2021.05.11.

- 혁신적 교육 시스템의 값진 결과는 혁신 기업 창업분야에서 가시적 결과로 드러난다. 스탠퍼드대의 스타트엑스는 학생 주도의 초기창업 지원기관인데 대학생 또는 졸업생이 창업한 기업을 대상으로 투자금, 사무실 등 초기 자본을 제공한다. 지금까지 스타트엑스를 거쳐 간 700개 이상의 기업이 총 190억 달러(한화 약 21조 2000억 원)를 투자받았다. 일부는 원천기술의 가치를 인정받아 구글, 애플, 야후 등 글로벌 기업에 인수되기도 했다.

- 디스쿨[2]
  - 디스쿨은 디자인스쿨(Design school)의 약자이며 디자인을 가르치는 게 아니라 생각과 아이디어를 디자인하는 방법을 배울 수 있도록 가르치는 것이 특징이다.
  - 스탠퍼드대 디스쿨의 이러한 명성에는 소위 '디자인사고(design thinking)'라는 혁신적 교육 방법론이 자리하고 있다. 디스쿨의 수업은 '혁신은 사회과학(인간적 가치)과 비즈니스, 기술의 교집합에서 나온다'라는 디자인싱킹의 원리를 바탕으로 이뤄지고 있다. 혁신은 인간이 가치를 느낄 수 있어야 하며 이를 가시적으로 만들기 위해 기술이 필요하고, 혁신을 위해 비즈니스 모델을 갖춰야 한다는 이

---

2 백승한, [혁신 리포트 ①] 스탠퍼드대 디스쿨의 '디자인싱킹(design thinking)', 한국대학신문, 2020.04.09.

론을 강조한다.

- 디자인싱킹의 과정은 우선 고객이나 사용자의 공감(Empathize)을 얻고, 문제점을 찾아낸다. 이 문제에 대해 신중히 정의(Define)를 내리고 브레인스토밍을 통해 아이디어(Ideate)를 최대한 많이 도출하여, 이들 중 최적의 아이디어를 뽑아 원형(Prototype)을 제작한다. 마지막으로 제작된 결과물을 테스트하게 되는데, 예상했던 최적의 결과가 도출되지 않을 경우 다시 이전 단계로 돌아가서 그 과정을 반복한다.

- 스탠퍼드 대학(Stanford University)은 산학연계프로그램(Industrial Affiliate Program)을 구성하여 공동연구, 기술이전, 현장실습 등과 같은 대학 내 산학협력 활동을 능동적으로 수행하고 있어 미국 대학의 산학협력에 있어서 선구적인 역할을 담당하고 있다.[3]

- 미 스탠퍼드대 전기공학과 토바기(Fouad A. Tobagi) 교수는 실리콘밸리의 경쟁력은 '산-학협력'에서 나왔다고 주장할 정도이다. 토바기 교수는 "실리콘밸리의 유명한 대학은 모두 '산'학 협력'을 하고 있다고 보면 된다"면서 "휼렛패커드나 선

3 산학협력 관련 국내외 주간 정책동향, 경상대학교 산학협력정책연구소, 2018.03.

마이크로시스템스, 실리콘그래픽스 등 세계적으로 유명한 실리콘밸리의 기업들의 성장을 보면 지역의 학교와 밀접한 관계를 맺으면서 성장한 것을 알수 있다"고 밝히고 있다. 스탠퍼드 대학은 현재 500개가 넘는 회사에 41개의 '산-학협력'모델을 진행하고 있으며 다양한 제휴와 협력을 통해 이익이 나도록 하는 산-학협력이 원칙이다.[4]

- 스탠퍼드대의 산학 협력은 1953년 스탠퍼드 연구단지를 조성할 때부터 시작하였으며, 당시 공대 학장이던 프레더릭 터먼 교수는 대학의 넓은 땅을 첨단기업에 임대하는 방식으로 다양한 정보기술(IT) 기업을 유치하였다. 대학·기업 간 공동 연구를 장려했고 학생들의 창업을 지원한다.[5]

- 자율주행차의 아버지' 서배스천 스런, '구글 인공지능(AI)의 대가' 페이페이 리, 세계 최대 온라인공개수업(무크·MOOC) 플랫폼 코세라 공동창업자인 앤드루 응과 대프니 콜러는 모두 미국 스탠퍼드대 AI연구소에서 교수로 일하고 있으며, 스탠퍼드대 졸업생이 지금까지 세운 회사는 6만 9000여 곳(비영리기관 포함)에 달하고, 창출한 일자리는 600만 개에 이

---

4 구남평, 실리콘밸리 성공뒤엔 산학협력이 있었다, 헬로디디, 2001.09.25.

5 안정락, '대학=기업'… 스탠퍼드大 교수 2000명이 CEO, 한국경제, 2018.10.16.

른다.[6]

- 특히 스탠퍼드 대학에서 운영하는 산학협력 프로그램중 SCPD(Stanford Center for Professional Development)가 있는데 이는 기업의 매니저나 임원들에게 앞선 교육을 지원해주며 새롭게 출현한 멀티미디어나 정보통신 기술을 이용하게 해주는 대표적인 프로그램이다.[7]

- 대학본부에 '기술인가처'를 두고 기술 및 연구에 대한 상용화 가능성을 평가하고 기술력이 인정되면 자금 및 법률자문역 등을 맡아 기업에 기술이전을 해주거나 교수 학생들이 직접 창업하도록 지원한다.[8]

- '기업회원제도'를 통해 기업들이 연간 5000~100만 달러의 회비만 내면 연구결과나 보고서 등을 공유하고 교수들이 기술 및 법률자문에 응해준다.

- 스탠퍼드 대학의 Industrial Contracts Office(ICO)는 대학의 학부와 기업이 상호협력적인 관계구축 활동을 지원하기

---

6 안정락, '대학=기업'… 스탠퍼드大 교수 2000명이 CEO, 한국경제, 2018.10.16.

7 구남평, 실리콘밸리 성공뒤엔 산학협력이 있었다, 헬로디디, 2001.09.25.

8 이인철, 산학협력 모범 美 스탠퍼드大를 가보니, 동아일보, 2002.05.02.

위해서 53개의 산학연계프로그램을 추진하고 있다.

- 산학연계프로그램은 대학과 산학협력 활동을 수행하고자 하는 기업 및 정부기관 등을 대상으로 일정 수준의 연회비를 납부 받고, 스탠퍼드 대학과 공동연구, 정책연구, 기술선점, 현장실습, 학생채용 등을 우선적으로 참여할 수 있는 권리를 제공한다.[9]

대표적인 산학연계 프로그램

① Center for Automotive Research at Stanford[10]

- 2008년에 출범한 자동 운전 기술을 이용한 Human-centered mobility의 연구를 목적으로 하는 기관이다.
- CARS는 자동 운전 기술 연구 개발뿐만 아니라 법학전문대학, 인문과학대학, 경영학대학원과 연계하여 자동 운전의 안전에 관한 제도나 인프라 구축 연구를 함께 하고 있다.
- 현재 CARS에는 Volkswagen, 도요타 자동차, General Motors 등 자동차 관련 기업을 중심으로 38개사가 회원으로 가입되어 있다.
- 가입된 기업은 CARS에 소속된 학생의 이력서를 우선적으로 볼 수 있어, 대학생 인턴십과 고용 촉진을 장려하고

9 산학협력 관련 국내외 주간 정책동향, 경상대학교 산학협력정책연구소, 2018.03.

10 https://cars.stanford.edu

있다.

② ERC for Re-Inventing America's Urban Water Infrastructure[11]

- 2011년에 설립된 수자원 관리와 도시 수자원 인프라에 관한 조사 연구 기관이다.
- ReNUWIt는 스탠퍼드 대학이 주도하고 여러 대학이 컨소시엄의 형태로 참여하고 있다.
- 회원들은 ReNUWIt의 조사 연구 데이터에 대한 우선적인 접근과 전용사이트의 이용 및 연구조사에 관한 보고서 등을 받을 수 있다.

③ The Internet of Things Research Program[12]

- 정보기기를 중심으로 한 IoT 기술 개발이나 보안에 관한 연구를 실시하는 기관이다.
- 프로그램에 참여하는 학생들의 우선적인 채용에 대한 우대가 있다.

---

11 http://www.renuwit.org/sites/default/files/docs/ReNUWIt%20Industrial%20Program%20Description%201Oct2013

12 http://iot.stanford.edu/

④ Media X[13]

- Media X는 2006년에 완성된 분야융합연구시설인 H-STAR(The Human-Sciences and Technologies Advanced Research Institute : 인간과학기술첨단연구소)의 프로그램 중 하나다.
- Media X는 세계 최대의 벤처 보유 기관으로 기업, 재단, 정부 기관 등이 회원으로 등록함으로써, 스탠퍼드 대학의 차세대 기술 연구에 종사하는 교수와 학생이 회원들과 공동 연구 등을 실시할 수 있다.
- 현재 Media X에서는 개인용 스마트 기기의 콘텍스트 연구, 디지털 시대의 기록·자산·유산 연구, on demand 출판 연구, 지식근로자의 생산성을 향상시키기 위한 지표 개발, 콘텐츠 미래 연구, 커뮤니케이션 분야의 첨단기술 연구의 총 6개 연구 영역을 중심으로 연구를 수행하고 있다.

⑤ MobiSocial[14]

- 혁신적인 모바일 기기 및 컴퓨터 기술 개발을 목적으로 하고 있으며, IoT나 데이터 해석, 디바이스 개발 등을 주제로 한 다양한 연구 프로그램이 존재한다.

---

13 http://mediax.stanford.edu/

14 https://mobisocial.stanford.edu/index.php

- MobiSocial에 회원이 되기 위해서는 연회비 20만 달러를 납부하여야 하며, 회원들은 연례 워크숍 참가 및 연구그룹과 지속적이고 긴밀한 관계를 구축할 수 있다.

미래전략

- 스탠퍼드대는 기업에 대한 대학의 역할을 △기술개발 촉진 △기술인력 제공 △산업체 종업원 재교육에 두고 있다.
  - 교육과정의 핵심적 공통 요소는 미래역량을 키울 수 있는 창의적 교육방법이다. 결코 다듬어지지 않은 제안도 선입관념 없이 장점을 발굴하여 제안자로 하여금 새로운 아이디어를 창출할 수 있도록 용기를 준다.
  - 전공기반의 관점을 바탕으로 다학문적 관점에서 문제를 바라보는 힘을 키우는 것이며 무에서 유를 창조하는 것도 있으나 기존의 아이디어에 좀 더 관심을 좁혀 다듬는 형태로 진행하는 것을 강조한다.

탈캠퍼스 미래교육 혁신 대학

혁신[15]

- 미국의 벤처투자자 벤 넬슨이 창립한 고등교육 기관이다. 대학이 교육 대신 건물을 짓고 스포츠 팀을 꾸리는 대학 사업에만 골몰하고 있다는 문제의식에서 출발한다.

- 100% 온라인, 능동적 학습이 핵심이며, 미래형 학교의 상징으로 떠오른 미네르바스쿨은 미국의 대학 컨소시엄인 KGI 인가 공식대학으로 벤처자본의 투자를 받아 설립되었다.

15 브레인 편집부, 온라인 교육혁명 MOOC(무크)에서 미네르바 대학까지, 브레인미디어, 2018.11.18.

- 미네르바스쿨의 가장 큰 특징은 캠퍼스가 없다는 점이다. 모든 학생은 4년 내내 100% 온라인 수업이다. 미네르바스쿨에서 진행되는 온라인 수업은 단순히 녹화된 강의를 학습하는 것이 아니라 자체 개발한 '액티브 러닝 포럼(Active Learning Forum)'이라는 플랫폼에서 이뤄진다.

- 20명 이하로 교수의 일방적 수업이 아닌 참여와 토론 위주인 '능동적 학습'이 특징이다. 또 다른 특징은 '플립러닝(Flipped Learning)'으로 이는 수업에 앞서 학생들이 교수가 제공한 강연 영상을 미리 학습하고, 강의실에서는 토론이나 과제 풀이를 진행하는 형태의 수업방식을 의미한다.

- 전 세계가 캠퍼스이며, 7개국을 순회하며 기숙사 생활, 100% 온라인 수업인 동시에 학생들 100%가 기숙사 생활을 한다. 대학의 유일한 오프라인 건물인 기숙사가 전 세계 7개 도시에 퍼져 있다.

- 구글, 아마존, 우버 같은 기업에서부터 비영리단체나 사회기관에 종사하며 실험적이고 도전적인 프로젝트를 수행할 수 있도록 교육과정을 운영한다. 학생들이 해당 국가의 지역사회에서 생활하면서, 직접 프로젝트를 수행하는 방식이다.

혁신 학교 미네르바스쿨 개요

설립	2010년 설립, 2014년 신입생 29명으로 시작. 매년 150~180명씩 신입생 입학, 5월 말 첫 졸업생 배출
수업 방식	별도 캠퍼스 없이 4년 교육 과정 동안 세계 7개국 돌며 기업 인턴십, 프로젝트 등에 참여하는 현장 실습형 교육 수업은 100% 온라인 강의로만 이뤄지며 실시간 토론 방식
등록금	3만 950달러(약 3600만 원, 현지 기숙사·책·생활비 등 포함)
분야	예술·인문, 경영, 컴퓨터과학, 자연과학, 사회과학

- 캠퍼스를 없애고 학생들을 세계 각지로 보내는 현장 중심 교육 모델을 만들었다. 자체적으로 온라인 강의 플랫폼 '포럼'을 개발해 세계 각지의 학생과 교수가 실시간으로 토론 수업을 할 수 있도록 하였다. 등록금은 미국 명문 사립대(약 10만달러)의 3분의 1 수준이다. 미네르바스쿨의 목표는 아이비리그 수준의 교육을 더 저렴한 가격에 제공하는 것이다.[16]

- 특징
  - 학생들은 4년 동안 세계 각지를 다니며 기업과 비영리단체·공공기관 프로젝트를 진행하고 현장 경험을 쌓는 동시에 온라인에서 진행되는 실시간 토론 수업을 통해 비판적 사고, 창의성, 커뮤니케이션 능력을 키운다.

---

16 송현, 미네르바스쿨 "올해 첫 졸업생 진로, 아이비리그보다 성과", 조선일보, 2019.05.11.

- 커리큘럼

  - 1학년 학생은 미국 샌프란시스코 지역 기숙사에서 머물며 기업 인턴십에 참여하고 기본 소양을 다지기 위한 수업들을 수강한다. 2학년 때부터는 3~6개월마다 국가를 이동한다. 2학년 때는 독일이나 아르헨티나, 3학년 때는 인도나 한국, 4학년 때는 이스라엘이나 영국 등으로 이동하며 기숙사 생활. 한국의 경우 현재 서울 용산구 이태원 부근에 기숙사가 있으며, 카카오 등에서 인턴십 기회가 있다.

- 전공

  - 예술과 인문학, 컴퓨터 과학, 자연과학, 사회과학, 경영 등. 2학년 말에 전공을 선택한다. 학생들은 인턴십과 동시에 교수와 화상 수업, 엄청난 양의 과제 등을 소화해야 한다.[17]

---

17 김민선, 하버드보다 입학 힘들다는 '미네르바스쿨' 왜 뜰까?, 지디넷코리아, 2019.02.25.

미래전략(비전)

- 미네르바스쿨은 고등교육기관이 미래 인재를 양성하는 데 제 역할을 못 하고 있다는 문제의식에서 출발한다. 대학은 과거 교육 방식을 그대로 유지하면서 건물을 올리고 스포츠팀에 투자하는 데만 골몰한다는 문제의식에서 기인된다.

- 강의실을 없애고 학생들을 세계 각지로 보내고, 수업은 온라인을 통해서만 진행하도록 하는 모델을 활용하여 미래 사회에 필요한 인재를 양성하는 교육 본연의 목표에 집중하려 한다.

미국 애리조나 주립대의 새로운 대학모델

혁신

① 폭넓은 무크 플랫폼 활용… 학령인구 감소 해결책[18]

- ASU의 교육혁신의 핵심은 폭넓은 무크 플랫폼 활용방식이다. 온라인 공개 수업(Massive Open Online Course)을 뜻하는 무크를 ASU는 대학 교육에 적극 도입하였다. 온라인 강의 관련 기업인 edX와 협약을 맺고, 무크를 통해 1학년 전 과정을 이수할 수 있도록 하는 ASU 1학년 기초과정 수준의 GFA(Global Freshman Academy) 프로그램

---

18 박대호, [해외대학으로부터 배운다 ASU ①] 새로운 대학모델 선도… 혁신 '1번지' 애리조나 주립대, 한국대학신문, 2018.10.24.

을 운영 중이다.

- GFA 프로그램은 전 세계 누구든 일정 수수료와 수강료를 내면 이수할 수 있다. 강의 수강료는 수업을 이수하고 학점을 받을 때 지불한다. 철저한 학사관리를 하기에 일반적인 온라인 강의와는 차원이 다르다.
- ASU의 무크는 단순 1학년 과정을 열어둔 것에서 그치지 않는다. 학생들은 10개 강의로 구성된 대학 지정 코스 중에서 8개 이상 강의를 택하고 이 강좌 중 8개 이상 강의에서 C학점 이상을 기록하면 2학년 과정을 캠퍼스에서 들을 수 있다. 무크를 통해 입학의 길까지 열어두고 있는 것이다.
- ASU의 무크 활용법은 국내 대학들이 적극적으로 배워야 할 부분이다. 학령인구 감소 위기의 타개책으로 권장할 만하다. 무크를 통해 미리 대학의 수업을 이수하고 입학 여부를 결정하는 시스템은 긴 시간과 많은 비용을 필요로 하는 현지유학을 통해 학생을 유치하는 것보다 유리한 면이 많다.
- 최근 한국 대학에 관심이 큰 우즈베키스탄·베트남 등의 해외 국가에 적극 활용하는 노력이 필요하다. '한류' 열풍 등에 기반해 한국 대학에 관심을 가지는 해외 학생들의 유치책이 될 수 있다(박대호, 2018; 이현청, 2016, 2018).

② 성취 수준 향상과 적성 발견을 위한 정보화 기반 교육 프로그램

- ASU의 교육 프로그램의 특징은 정보화 기술의 적극 활용이다. '적응적 학습' 프로그램도 그중 하나다. 적응적 학습 프로그램은 AI를 기반으로 하는 교육 시스템이다.
- ASU는 뉴턴(Knewton), 맥그로힐에듀케이션(McGraw Hill Education), 코그북스(CogBooks) 등 기업들이 개발한 프로그램을 통해 강점과 약점, 학습능력을 측정함으로써 학생들에게 보다 나은 학습 방법을 제공한다.
- 적응적 학습 프로그램이 거둔 성과는 가시적이다. 프로그램 도입 이후 대학기초수학 과목을 통과하는 학생 비율이 64%에서 75%로 높아졌다. 중도 포기 학생 비율은 16%에서 7%로 낮아졌다. 평균 성적은 28% 향상. 학생 개개인의 역량을 정확히 측정하고, 그에 맞는 학습방향을 제시한 것만으로도 부진한 학생들의 비율이 크게 줄어들었다(박대호, 2018).
- ASU는 학생들의 적성을 파악하기 위한 정보화 기술 분야에서 혁신이란 이름에 걸맞은 프로그램을 운영한다. 학생들의 출석부터 학습 진행상황, SNS상의 정보 등을 수집해 적성을 파악하고 그에 맞는 전공선택을 유도하는 eAdvisor프로그램을 활용하는 것이다. 해당 프로그램은 학습속도가 뒤처지면 경고를 주고 유사강의를 추천하기도 한다.

미래전략(비전)

- ASU는 기술을 활용해 '유연한 학사운영'도 계획 중이다. 강의에서 요구하는 수준에 도달한 학생들을 학기가 끝나기 전 다음 단계로 이동시키는 방식을 사용하여, '시간 때우기' 식 학사 운영이 아니라 학생들의 동기를 극대화하고 불필요한 시간 낭비를 막는다는 점에서 또 다른 혁신의 도구로 기능할 전망이다.

- 경직된 강의시수와 시간 등에 매몰돼있는 국내대학들이 향후 나아가야 할 방향이기도 하다.

세계 최초 '앙트러프러너십' 학부 교육

혁신

- 미국 매사추세츠주 보스턴 인근에 소재한 사립대학 뱁슨 칼리지. 이 대학이 강조하고 있는 것은 단연 창업 교육이다. 기업가정신 학부전공을 독립적으로 운영한 것은 뱁슨 칼리지가 세계 최초다.[19]

- 최근 졸업생 창업 비율은 17%에 달한다. △하버드(Harvard) 대학 7% △스탠퍼드(Stanford) 대학 13% △콜롬비아(Co-

19 정성민, [UI(혁신) 특집] "혁신하지 않으면 도태! 지금 세계의 대학은 혁신 전쟁", 한국대학신문, 2020.09.28.

lumbia) 대학 5%인 점을 감안하면 혁신적인 수치다. 교육 대상은 다양하여 칼리지 학생들 외에 교원 대상 창업 교육도 실시한다. 교육 콘셉트는 학생들이 이론과 실전을 동시에 배울 수 있도록 하는 것이다. 이 때문에 교수진은 대부분 실제 경영인(CEO)들이 많다.

- 뱁슨 칼리지의 창업 교육은 크게 4개 프로그램으로 구성 (정성민, 2020).

Price-Babson

- 교육 참가자들은 'ET&A(Entrepreneurial Thought and Action)'라고 불리는 뱁슨 칼리지만의 창업교육 프로그램을 받는다. 이를 통해 관련 기술을 습득하고 최신 이론과 접근법을 교육받는다. 교육받은 내용을 실습하고 적용할 수 있는 기회도 주어진다.
- 교육은 팀으로 이뤄지는데 이론·학술적인 부분을 맡고 있는 사람과 실무를 맡고 있는 사람이 반드시 팀을 이뤄야 하는 것이 특징이다. 이론과 실습이 병행돼야 좋은 창업교육을 할 수 있다는 게 뱁슨 칼리지의 교육철학이기 때문이다.
- 커리큘럼은 '콘텐트 토픽스(Content Topics)'와 '프로세스 토픽스(Process Topics)'로 나뉜다.
- '콘텐트 토픽스'에는
  - 창업가적 생각과 실천(Entrepreneurial Thought and Ac-

tion)

- 창업 정신의 교육 생태계(Entrepreneurship Education Ecosystems)
- 아이디어 생성(Idea Generation)
- 디자인 발상(Design Thinking) 등이 포함된다.

• '프로세스 토픽스'에는
  - 경험과 행동 기반 교육법(Experiential and Action Learning Pedagogies)
  - 기업가적으로 가르치기(Teaching Entrepreneurial)
  - 사례 기반 교육(Case Method Teaching)
  - 교실 내 도전 관리(Managing Classroom Challengers)
  - 커리큘럼과 코스 디자인(Curriculum and Course Design) 등으로 구성되어 있다.

● See Asia[20]

• '프라이스 뱁슨'에서 파생돼 나온 프로그램으로 아시아권 대학에서 기업가정신을 교육하고 있는 교수와 교원을 대상으로 한다. '프라이스 뱁슨'과 마찬가지로 'ET&A' 방식을 도입하였다.
• 교육은 '프라이스 뱁슨' 프로그램을 진행하는 콘퍼런스

---

20 정성민(2020), 전게서.

센터에서 함께 진행하지만 기간은 '프라이스 뱁슨'보다 두 배 이상 길다. 모든 강의가 영어로 진행되기 때문에 참가자들은 고급 영어를 구사할 수 있어야 한다.

- 뱁슨 칼리지에서는 창업 교육 프로그램에 참가할 자격 요건을 갖춘 사람들을 추천하고, 선발한다. 참가자의 학문적 성취도, 교육 참가자의 다양성 등을 고려해 교육 현장에서 조화가 이뤄질 수 있는 인원을 선발한다.

- 이 외에도 Modules For Entrepreneurship Education 프로그램과 Global Symposia라는 프로그램을 운영하여 적시성 교육(Just-in-time)에 치중하고 있다.

미래전략(비전)

- 수천 개의 벤처 기업을 창업할 정도로 높은 파급력을 지닌 대학으로 "창업을 하려면 뱁슨 대학으로 가라"고 할 만큼 시류에 맞는 창업교육을 수행하고 있다.

- 2018년 'U.S. News & World Report'지가 MBA 부문 최고 우수대학으로 선정할 정도로 차별화된 창업 교육을 선보이고 있다.

프랭클린 더블유 올린 공과대학

경험중심 혁신 대학

혁신

- ‘미래 교육’이 현실로 구현된 대표적인 혁신 대학 모델이다. 이 대학은 ‘주입’ 아닌 ‘경험’을 강조한다.

- 올린 공대의 접근은 1980년대 초 남일리노이대 의과대학에서 시작된 PBL 모델을 원용한 것이다(이현청, 2019).

- 미국 매사추세츠주 보스턴 근교의 니덤(Needham)에 있는 올린 공대는 최근 몇 년 사이 한국에서 각광받는 미국 대학으로 알려지고 있지만 이미 미국 현지에서는 아이비리그와 어깨를 견주며 큰 반향을 일으키고 있다. ‘미래의 교육’을

현실로 가져왔다는 평이다.

- 최대 강점은 모든 수업이 프로젝트 중심으로 이뤄진다는 것이다. 이론부터 가르치는 기존 공대 교육에서 탈피하여 입학 후 처음부터 실험 위주 현장 중심 교육을 시행한다. 실용성 있는 프로젝트를 통해 '하면서 배우자'는 교육이념을 실천한다.

- 학교가 '답'을 정해주지 않기 때문에 학생들은 스스로 상상의 한계를 뛰어넘고 아이디어를 모아 문제 해결점을 찾는다. 경쟁 대신 협력의 힘을 깨닫는 것을 강조한다.

- 기존 교육이 단순히 해결책을 찾는 것이라면 올린 공대는 사회를 돕기 위해 해법이 필요한 문제를 찾아내는 법을 가르친다.

- 학생들은 졸업반이 되면 스코프(SCOPE)라는 컨설팅 프로그램을 거친다. 스코프는 학생들이 실제 기업이 당면한 문제를 직접 발주 받아 그간 배운 모든 지식을 기반으로 직접 해결해 나가는 프로젝트인데 교수의 도움은 받지 않는다.

- 2015년도 프로젝트 중에는
  - 방산업체 레이시온의 새로운 전기 발전기

- 로커스사의 인간의 개입을 극소화한 공업용 로봇
- 보잉사의 737기 조립라인 이물질 제거를 돕는 자동 로봇
- 아날로직사의 초음파 영상기기
- 육군 연구소의 자동 착지에 필요한 영상채집기

등이 있는데 14가지의 기계를 만들어내고 해결책을 찾아낸다.

미래전략(비전)

- '프로젝트 기반 교과과정'이라는 새로운 대학 교육 모델을 구현한 올린 공대는 공학 교육 혁신 대학으로 명성을 떨친다.

- AI와 빅데이터 기반 인지로봇과 첨단기술 접목 교과과정을 운영한다.

하버드 대학

혁신

설립이념

- 학식 있는 목사를 양성하는 것이다.[21] 유럽과 영국의 초기 대학들과 마찬가지로 성직자를 배출하기 위한 목적으로 설립되었다.

- 후에 교육, 연구, 사회봉사라는 새로운 대학 이념을 만들었다. 교육은 영국 대학의 전통을 이어받았고, 연구는 독일 대

---

21 제임스 J. 두데스탯, 대학혁명, 2004.
백형찬, 대학의 이념, 한국대학신문, 2019.06.12.

학의 전통을 이어받았다. 사회봉사는 미국 대학이 새롭게 창조한 대학이념이다.[22]

혁신전략과 사례[23]

- 보스톤 시내에서 직접 창업교육
  - 미국 보스톤시가 하버드 대학의 연구소 건축을 허용했다. 2000만 달러(약 220억 원)가 투입되는 이 매머드 연구소는 창업을 위한 연구소다. 보스톤 시에서 '하버드 혁신 연구소'에 대해 거는 기대는 매우 크다.
  - 토마스 메니노(Thomas M. Menino) 시장은 "새로운 비즈니스를 창출해 투자를 촉진하고, 새로운 일자리를 만들어 내려는 보스톤 시의 노력에 '하버드 혁신연구소'가 큰 기여를 할 수 있을 것"이라고 강조하며 투자를 하였다.
  - 하버드대가 위치하고 있는 곳은 보스턴 시와 연결돼 있는 케임브리지 시인데, 이 케임브리지 시의 켄달스퀘어 지역이 지금 벤처기업들의 산실로 변모하고 있다. 여기 입주한 기업들의 경영자 대다수가 하버드 출신이다. 하버드대에서 보스톤 시내에 매머드 연구소를 짓고 있는 것은 향후 더 적극적으로 창업교육을 하겠다는 의지가 반영돼 있다. 세계 주요 대학들 간의 창업(entrepreneurship)

---

22 이현청, 21세기와 함께 하는 대학, 서울 : 민음사, 2000.

23 이강봉, 창업교육에 거액 투자… 하버드대, 사이언스타임즈, 2013.07.18.

교육 경쟁에서 앞서 나가겠다는 의지를 엿볼 수 있다.

미래전략(비전)

- "지금이 곧 창업의 기회다"라는 모토하에 하버드대 최고경영자 과정에서도 창업을 주제로 활발한 강의가 이루어지고 있고 이를 확충해 나갈 계획이다. 최근 발간한 하버드 비즈니스 리뷰(Harvard Business Riview)에서는 다음의 주제들을 통해 창업교육을 진행하고 있다고 밝혔다(이강봉, 2013 ; 이현청, 2020).

- 지금이 곧 창업의 시대라고 강조하고 있다. 경쟁이 치열해지고 큰 기업들이 몰락하고 있는 상황에서 기업가정신을 가진 사람들에게는 오히려 큰 기회가 되고 있고, 창업할 수 있는 방안을 다양하게 제시하고 있다.

- 생산적인 비즈니스 활동에 대한 논의도 활발하게 진행되고 있으며, 특히 현명한 대화방식을 강조하고 있다. 불가능한 것처럼 보이는 국면에서 새로운 대화를 통해 상황을 반전시킬 수도 있다며, 창업가의 생산적인 자세에 대한 교육을 강조하고 있다.

- 향후 포스트 코로나 관련 면역 체제와 자연 환경 등의 역할 연구에 치중할 계획을 가지고 있다.

- 창의성 교육과 적시성 인지 교육(Cognitive in action)을 강조하는 프로그램을 계획하고 있다.

프린스턴 대학

혁신

설립이념

- 지식과 이성의 탐구와 전달을 강조하며, 현재도 연구중심대학으로, 순수학문장려하는 특징을 가진다.

- 초기 이념은 "미국에 거주하는 모든 젊은이들은 교육을 받을 수 있다"에 있었다.

- 개교 150주년을 맞은 1896년, 우드로 윌슨 교수가 기념식에서 "국가를 위해 이바지하는 대학"이 되자고 연설하면서, 이것이 프린스턴 대학교가 추구하는 교육이념으로 정립하

였다.

- 개교 250주년을 맞이한 1996년이다. 이를 더 확장해 "국가와 전 인류를 위해 헌신하는 대학"이 될 것을 선언하였고 이후 이 선언문은 모든 프린스턴 인의 실천이념이 되었다.

혁신전략과 사례

- "프리셉토리얼 교육제도(Preceptorial Method)"[24]
  - 이 교육 혁신은 영국 옥스퍼드 대학교의 학사운영 방식을 도입한 것이다. 대형 종합대학교 안에 여러 개의 소형 칼리지 시스템으로 운영되어, 교수와 학생들 간의 긴밀한 유대관계를 형성하기 위한 것이다. 학생들이 교수의 강의에 일방적으로 주입 교육을 받고, 교과서 내용을 암기하는 데 그치는 게 아니라, 학생들 스스로 교실의 주역이 되어, 교과목 학습 내용과 연구 내용들을 교수와 대화하고 토론함으로써 학문을 터득하게 하는 제도이다.
  - 3학년부터는 학생들의 적성과 교육 배경, 취향 등에 따라 '스터디그룹(study Group)'이 만들어지고, 이 스터디그룹은 졸업 때까지 담당 교수의 지도 감독하에 그 주의 강의 내용과 할당된 독서물에 대한 토론발표, 또 지도교수와

24 박영서, [지성의 산실, 미국 대학을 찾아서] 프린스턴 대학교 (2), 보아코리아, 2019.02.07.

1:1 의사 발표 기회가 주어진다.

- 어느 전공을 택하든, 3학년 때에는 자기 전공에 관한 독자적인 연구를 해야 하고, 4학년 때는 졸업 필수로 논문을 제출해야 한다. 이러한 학문적 전통은 학생들이 3~4학년 동안 자기 전공에 관한 연구와 졸업 논문을 준비하고 작성하는 과정에서, 교수들과 긴밀한 학문적 교류를 할 수 있는 최대의 장점이다.

- 교수 채용 및 개발 펀드로 역량있는 우수 교수를 영입[25]
  - 교수유인기금(The Faculty Incentive Fund)을 통해서 특별채용을 하는데 필요한 자금을 조달하고, 1년에 평균 4명 정도를 특별 채용하는 데 사용한다.

25 류지성, 대학현신과 경쟁력 연구보고서, 삼성경제연구소, 2006.01.05.

미국 SUNY 엠파이어 스테이트 칼리지 (SUNY Empire State College)

혁신

Empire Opportunity 프로그램[26]

- The Empire State Opportunity Program(ESOP)은 뉴욕 거주 상대적으로 소외되고 경제적으로 어려운 학생들에게 입학과 학사과정에서의 지원과 재정 지원에 이르기까지 다양한 지원을 하는 프로그램이다. ESOP는 학교생활과 학습에 대한 전반적 지원 프로그램으로 시간제 학생까지도 포함되어 있다.

---

26 SUNY Empire State College 홈페이지.

- Enhanced Academic Support Services.
  - ESOP 학생들은 동료 튜터나 전문가로부터 추가적이고 예외적인 도움을 지원받는다.

- Financial Assistance.
  - 학교생활에서 기본적으로 필요한 것들을 지원하는 Basic Needs office에서 지원을 받고 개인적 어려움을 해결 받는 지원책이 있다.

- Mentorship.
  - ESOP 어드바이저 제도를 통해 SUNY 대학 생활을 성공적으로 마칠 수 있도록 자원과 지원을 받는다.

- Flexibility.
  - 온라인, 온사이트, 개별 독립 학위과정, 정규과정 등 다양한 학사과정을 이수하도록 허용된다.

- ESOP Extended Orientation.
  - 가상으로 이루어지는 워크숍과 온라인 등을 활용해 동료 학생들과 대학과의 연계를 위한 SUNY Empire 오리엔테이션을 제공하고 전체 주에 거주하는 ESOP 학생들과 서로 교류할 수 있는 오리엔테이션을 제공하여 자원 활용은 물론 학업을 성공적으로 마칠 수 있는 제도를 마련하고 있다.

- Specialized Programming.
  - 1년 내내 ESOP 워크숍을 통해 리더십, 직업 개발과 관련된 훈련의 기회를 가지며 동창 강연 시리즈를 제공해 학교생활은 물론 졸업 이후의 커리어 구상에 도움을 주고 있다.

- Early Degree Planning.
  - 개인적, 전문적, 학문적 목표에 부합하는 조기 학위 프로그램을 멘토들과 함께 준비할 수 있도록 돕는다.

- Laptop Loaner Program.
  - ESOP 학생은 컴퓨터를 빌려 쓸 수 있도록 우선권을 부여하고 학위과정 내내 이러한 특권이 부여된다.

미래전략(비전)

- 멘토프로그램의 활성화를 통해 4년 동안 학생들의 캠퍼스 적응 프로그램과 학사 프로그램의 내실화를 추구한다.

- 동창 등을 활용한 ESOP리더십 프로그램을 운영하여 직업과 인생 성공을 위한 교육을 강화한다.

- 동료 튜터링 프로그램의 활성화를 확대한다.

오하이오 주립대

혁신

협력사례[27]

- 드리버는 스마트 커넥티드 차량과 자율주행 기술 개발을 위해 오하이오 주립대학교 및 오하이오 더블린 시, 미국 최대 자동차 연구기관인 교통 연구 센터(Transportation Research Center, 이하 TRC)와 협력을 진행한다.

- 오하이오 중부의 콜럼버스 지역을 중심으로 진행되는 이번

27 정환용, 윈드리버, 오하이오 주립대학교와 자율주행 기술 협력, 테크월드뉴스, 2017.06.13.

협력 프로젝트는, 자동차 업계의 기술 혁신을 가속화하기 위한 것이다. 4개 기관은 보다 안전하고 안정적으로 자율주행·커넥티드카 관련 기술의 개발 속도를 높이고 품질, 개발, 테스팅, 구축 프로세스를 향상시키기 위한 전략과 기술을 마련할 계획이다.

- 4곳의 기관은 차량과 기반 시설 간의 공생 관계가 지역 사회 주민들의 삶의 질을 어떻게 향상시킬 수 있는지 밝혀내기 위해, 관련된 최신 기술을 테스트하는데 협력할 계획이다.

- 자율주행과 관련
  - 차량 간 통신 및 차량과 인프라 간 통신 기술
  - 커넥티드카에 있어 운전자에게 필요한 정보를 제공하는 통합 디스플레이 시스템인 콕핏(cockpit)을 위한 소프트웨어
  - 스마트 센서와 맵핑
  - 관련 데이터 수집 등의 기술을 테스트할 계획이다.

미래전략(비전)

- 이러한 프로젝트를 통해 오하이오 주의 학생과 연구원, 교수진들이 핵심 역할을 담당하는 만큼 자동차 업계의 차세대 전문 인력 육성에도 기여하고자 한다.

일리노이 주립대(시카고)

혁신

대학 – 지역사회 협력 정책 : 커뮤니티 아웃리치 파트너십 프로그램[28]

- 커뮤니티 아웃리치 파트너십 프로그램은 1992년부터 연방정부가 대학 - 지역사회 파트너십을 통한 지역재생 모델개발을 위해 5년 시한의 시범사업을 승인한 재정지원프로그램이다.

- 주택도시개발청 산하 대학 파트너십 기구(Office of Universi-

28 김지은, 대학 – 지역사회 파트너십을 통한 지역재생 사례연구, 2010.09.

ty Partnership : OUP)에서 관리한다.

● 목적

- 지역사회와의 대화를 통한 지역문제 우선순위 결정 및 해법 도모
  - 대학은 지역사회 파트너들과의 대화와 협력을 통해 취업 기회 확대, 지역 사업활동 강화, 보육에서부터 노숙자 지원 및 저렴주택 개발에 이르는 다양한 문제를 지역사정에 적합한 방식으로 풀어나갈 수 있도록 지원하는 조력자 역할을 한다.
- 지역주민/단체의 역량 강화
  - 지역주민들과 지역의 각종 단체들은 수동적인 수혜자나 학문적 연구의 대상이 아닌 문제의 우선순위를 함께 결정하는 참여주체이며, 대학은 이들의 역량 강화를 지원한다.
- 대학교육의 사회적 역할 및 대학의 내적 변화
  - 강의실 위주의 대학교육에서 탈피하여 교수와 학생 모두 지역사회 문제에 대한 해결책을 고민하고 찾는 과정에 직접 참여함으로써 교육과 연구의 질을 높인다.
- 정부의 재정지원(김지은, 2010)
  - 지역사회와 대학 모두에게 지역발전의 혜택이 돌아갈 수 있는 도시재생에 대한 새로운 접근법 모색을 촉진하기 위해 정부가 일정 규모의 재정을 지원한다.

대학-지역사회 파트너십 프로그램 체계

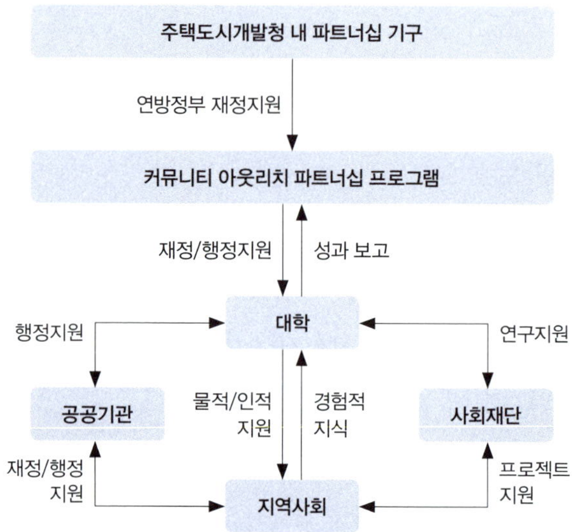

COPC를 통해 시행된 주요 프로그램

분야	프로그램
주택	• 저렴주택 개발계획 지원 • 주택구매 및 관리에 대한 상담 서비스 • 노숙자 문제 해결
경제	• 창업 관련 재정 상담 및 기술적 지원 • 실업 해소를 위한 직업교육 및 상담지원
교육	• 지역 청소년을 위한 멘토링 서비스 • 방과 후 프로그램 개발 및 운영지원 • 학생들이 지역사회 문제에 직접 참여할 수 있도록 대학 내 관련 수업과정 개설
사회	• 지역사회의 역량 강화 및 주민들의 리더십 강화를 위한 교육 및 기술적 지원
지역계획	• 주민들이 자기 지역에 대한 비전을 개발하고 이에 따른 계획을 수립할 수 있도록 지원

- UIC 지역협력프로그램(일리노이 주립대 시카고 캠퍼스의 지역협력 프로그램)
  - 필슨 지역 외에도 저소득층 거주지를 대상으로 보건 서비스 확대, 커뮤니티 테크놀로지 센터 설립을 통한 디지털 불평등 완화, 직업 훈련 프로그램 등 제도적 손길이 닿지 않는 부분들에 대한 사회적 서비스 제공에 지역사회의 파트너로서의 참여 범위를 넓혀왔다.

미래전략(비전)

- 지역협력프로그램은 일리노이 자원 네트워크를 구축하여 일리노이 주의 비영리단체와 지방정부들에 연방정부가 지원하는 각종 보조금 경쟁입찰 정보에 보다 쉽게 접근할 수 있는 인프라를 구축하기 위함이다(이현청, 2018).

William Penn 대학

- 윌리엄 펜 칼리지는 인문사회과학 특화 중심의 리더십과정 혁신 대학의 사례이다.

혁신

프로그램

① PENN LEADERSHIP CORE

The Penn Leadership Core is comprised of two areas of studies : 1) the Mission Core and 2) the Liberal Arts Core. By completing the Penn Leadership Core, students are given an opportunity to learn leadership skills and knowledge with a foundation in the liberal arts. The Penn Leadership Core requires the completion of 3942 total credit hours.

Mission Requirements

The Mission Core consists of 21 credit hours of coursework(8 courses) intentionally selected to support the three components of the William Penn University Mission statement : leadership, technology, and Quaker values. Mission Core coursework emphasizes communication, aesthetic awareness and appreciation, technology, values, and the practice of selfassessment, self-reflection and critical thinking.

Liberal Arts Requirements

The Liberal Arts Core consists of 18-21 credit hours of coursework(6 courses). These courses provide a diverse program of study necessary for liberal arts education. The areas of study include mathematics, natural science, humanities, social and behavioral science, history, and religion.

Transfer students with an A.A. degree are required to

take only two (2) courses—LDRS 290 Quaker Values and LDRS 390 Contemporary Leadership—to fulfill Penn Leadership Core requirements.

② ONLINE LEARNING AT WILLIAM PENN UNIVERSITY(Flexible Classes:Evenings & Weekends, Online, Daytime)
Our online program is the right solution for your needs—a flexible and convenient schedule at an affordable price. Eight-week courses allow you to finish your degree sooner, helping you prepare for your future faster, and in a way that fits your lifestyle. The William Penn Online Program was designed with you in mind.

미래전략(비전)

- 교양교육 위주의 인문사회 특성화와 첨단 기술 영역 및 기초 자연과학 위주의 교양특화를 강화한다.

- 유연성 있는 학사 운영과 철저한 학사 관리를 통한 특화를 추구한다.

캘리포니아 Pacific college

혁신

프로그램

① Nursing:Family Nurse Practitioner Master of Science

The Master of Science in Nursing, Family Nurse Practitioner(MSN-FNP) program is focused on developing the knowledge and skills necessary to deliver nursing care to persons of all ages across primary care settings, including those in rural and under-served areas. MSN-FNP graduates are prepared for advanced clinical practice that involves individuals and families throughout the lifespan and across the health continuum. The program is designed for nursing professionals seeking advanced skills in nursing who have already earned a baccalaureate degree in nursing and have worked as an RN. Coursework is completed online and clinical experiences are completed in local primary care settings.

② Nursing : RN-to-BSN Completion Bachelor of Science
The Bachelor of Science in Nursing program is designed for a person who is currently a Registered Nurse and is seeking to complete the requirements for an earned Bachelor of Science degree. The curriculum provides registered nurses with a better understanding of the ethical, cultural, political, economic, and social issues that affect patients and influence healthcare delivery. Critical thinking, leadership, management, research, physical assessment, and health promotion across a variety of community-based healthcare settings is emphasized in the program. This program is offered online.

The Bachelor of Science in Nursing program is designed for a person who is currently a Registered Nurse and is seeking to complete the requirements for an earned Bachelor of Science degree. The curriculum provides registered nurses with a better understanding of the ethical, cultural, political, economic, and social issues that affect patients and influence healthcare delivery. Critical thinking, leadership, management, research, physical assessment, and health promotion across a variety of community-based healthcare settings is emphasized in the program.

③ Registered Nursing Associate of Science

The Pacific College Registered Nursing Program will prepare you to become a Registered Nurse. Our program offers instruction in the classroom, along with clinical experience in hospitals, simulation labs and community agencies. This is a four semester program leading to an Associate Degree in Nursing with a BSN Collaborative Pathway. This pathway allows ADN students to take BSN classes' third and fourth semester. Upon completion of the nursing program you will be eligible to take the California RN Licensure Exam, NCLEX. Pacific College is accredited by the Western Association of Schools and Colleges(WASC).

④ Healthcare Administration Bachelor of Science

The Pacific College Bachelor of Science Degree in Healthcare Administration program provides knowledge of the healthcare system, use of technology, critical thinking skills and integration of business practices with health sciences. The program incorporates both theory and practical classes in all aspects of the healthcare industry to provide the student with the managerial skills for positions in a range of health care organizations. Students may transfer credits from prior post-secondary technical education to satisfy the lower-division technical and general education requirements. Students may receive up to 45-semester units of credit for previous college courses in a health care discipline.

⑤ Vocational Nursing Associate of Science or Diploma

A Licensed Vocational Nurse(LVN) provides direct care under the supervision of physicians or registered nurses. Patient care can include bedside care, monitoring equipment, recording vital signs, wound care, and providing comfort. LVN's are employed in healthcare settings including long-term care, skilled nursing, home healthcare, outpatient clinics, health offices, dialysis centers, blood banks, psychiatric hospitals, and correctional facilities.

This program will provide students with theory and clinical learning experiences meeting the educational requirements to apply for Vocational Nurse Licensure in the State of California. Upon satisfactory completion of all Vocational Nursing courses and the specified general education requirements, the student will have earned an Associate of Science in Vocational Nursing.

퍼듀 대학교

● 최고의 공과대학 중심인 퍼듀 대학은 인디애나 주립대학과의 공동학위 프로그램을 운영하면서 인디애나 주의 여러 도시에 캠퍼스 네트워크를 구축하고 있는 독특한 시스템을 운영하고 있다. 두 대학이 상호 시너지 효과를 극대화할 수 있는 혁신적 공유 대학의 모델이라 볼 수 있다.

혁신

프로그램

① OMICRON DELTA KAPPA

Omicron Delta Kappa, the national leadership honor

society for college students, recognizes and encourages superior scholarship, leadership and exemplary character. Membership is a mark of highest distinction and honor, and it is well recognized by leaders in both the academic and business worlds. It develops the leadership potential in college students by offering more than 20 scholarships each year to those pursuing graduate or professional studies. In addition, OΔK provides training and education workshops, other grants to support students, partnerships with career mentoring organizations and online leadership resources.

② Campus Leadership Opportunities : Purdue Grand Prix
The Purdue Grand Prix provides a venue for students to exercise their engineering skills, knowledge and enthusiasm. The Grand Prix foundation focuses its fundraising efforts to provide scholarships to students.

The Grand Prix Foundation consists of a President, an 11 member Senior Board, a Junior Board consisting of over 30 members, track workers, and safety and security workers. The foundation is a university sponsored student organization that is run by students, for students. The primary purpose of the foundation is to raise around $10,000 in annual funds for student scholarships. Besides focusing primarily on scholarships, the Grand Prix Student Ambassadors Program selects individuals from the student body to represent the spirit of Grand Prix throughout the school year in the local community.

미래전략(비전)

- 퍼듀 대학은 미국 최고의 공대 중 하나를 포함한 종합대학으로서 혁신 프로그램의 하나인 Onicron delta kappa라는 캠퍼스 리더스 프로그램과 미국 전역 우수 리더십 협회 우수 학생 장학금 등을 통해 미래의 리더를 양성하는 혁신을 추진하고 있다. 인디애나 대학과의 연계 프로그램을 통해 호환 학위 과정을 운영하면서 퍼듀 대학의 강점을 확대해나가는 계획이 추진되고 있다.

Indiana University

혁신

프로그램

① FOR INDIVIDUALIZED MAJORS

As a student in the Individualized Major Program you will take courses from a variety of departments, including the IMP itself. The courses offered by the IMP are listed below. You are required to take three credit hours of IMP-X490 for your final project. All other IMP courses are optional unless required for you individually by your admission committee.

Most of the courses offered by the IMP are independent study. Independent-study courses(sometimes called "tutorials") are one-on-one classes created by special arrangement between a student and a faculty member. IMP students pursue independent study in order to supplement their regular course work and to complete the final project. Typically more than three-fourths of the total credit hours for graduation are in regular classroom courses and 10 to 15 credit hours are in independent study. Independent-study courses can range from a private course on campus to off-campus experiences including fieldwork and internships.

미래전략(비전)

- 퍼듀 대학과 인디애나 대학의 공동운영프로그램을 통해 시너지 효과를 극대화하는 특성을 강조한다.
- 이공계와 인문사회대 특화를 통해 상호보완적 과정을 운영한다.
- 일종의 인디애나 주에 산재되어 있는 캠퍼스 네트워크로서

사립과 주립의 연합 형태의 특성을 지닌다.

- 공동 프로그램, 공동학위, 공동 운영 등의 공유대학 특성을 유지하며 혁신 전략을 추구한다.

미국 켄터키 대학(산학협력 사례)

혁신

- 젠지 이스포츠(이하 젠지)가 미국 켄터키 주 렉싱턴에 위치한 켄터키 대학교(University of Kentucky)와 글로벌 게이밍 및 e스포츠 프로그램을 마련하기 위한 전략적 파트너십을 체결했다.[29]

- 켄터키 대학교에서 젠지와 협업하여 제공되는 글로벌 게이밍 및 e스포츠 프로그램은 학문역량 개발, 직업역량 개발,

29 안희찬, 젠지, 美 켄터키 대학교와 e스포츠 관련 전략적 파트너십 체결, 매일경제, 2019.10.22.

커뮤니티 활성화 등 3개 분야를 중심으로 추진될 예정이다.

- 학문역량 개발 부문은 e스포츠 분야의 기업 임원, 선수, 콘텐츠 크리에이터를 초청해 학생들 대상으로 정기 강연을 공동 개최할 예정이다. 강연은 전 세계로 스트리밍 되며, 전공 및 학위 과정에 따라 맞춤형으로 제작된 콘텐츠도 제공될 예정이다(안희찬, 2019).

- 또한 켄터키 대학교는 젠지 엘리트 e스포츠 아카데미(Gen.G Elite Esports Academy)와 전략적 파트너십을 체결해 e스포츠와 학계를 연결하는 기회를 확장하며 게이밍 관련 자격증 프로그램도 준비 중이다.

- 직업역량 개발분야를 통해서는 2020년 봄부터 게이밍 및 e스포츠 생태계 확장을 위한 콘퍼런스 개최를 기획하고 있다.

- 커뮤니티 활성화는 켄터키 주 고등학교가 참여할 수 있는 오픈 플랫폼 커뮤니티를 개설해 청소년들의 글로벌 e스포츠 생태계 진출을 위한 역량 개발을 지원한다. 또한 젠지와 켄터키 대학교는 2020년 여름 윈슬로우(Winslow)-사우스 라임스톤(South Limestone) 지역에 개소될 켄터키 대학교 혁신 연구소에서 특별 프로그래밍을 함께 진행할 계획이다(안희찬, 2019).

미래전략(비전)

- 젠지와 켄터키 대학교는 e스포츠를 단순히 경쟁력 있는 하나의 플랫폼으로 보는 시각에서 나아가 전략적인 차별화된 사업을 펼친다. 특히 켄터키 대학교는 신입생 모집, 교내 및 인턴십, 학생들의 커리어 개발 등의 부문에서 새로운 기회의 장이 열릴 것이라고 기대하고 있다.

미국 사우스캐롤라이나 대학교 (산학협력)

혁신

- 사우스캐롤라이나는 제조업이 발달한 도시 중 한 곳이다. 해안가가 있어 관광사업이 발달되어 있으며 보잉, BMW 생산 공장들이 있고, BMW, 미쉐린, 후지필름, 삼성, 아디다스 등 다양한 기업들이 위치해 있다. USC는 이런 기업들과 연계한 프로그램을 운영하여 학생들에게 다양한 기회를 제공하고 있다.

- UCS는 연구 중심 대학으로 석사과정에서 매우 강점을 가지고 있다. 대학원 과정은 비즈니스, 엔지니어링뿐만 아니라 호텔 경영 및 관광 경영 7위를 가지고 있는 만큼 높은 인기

를 가지고 있다. 또한 스포츠 과학 및 운동과학 1위, 스포츠 경영 6위, 공중 보건 23위, 범죄학 22위로 다양한 전공에서도 매우 강점을 가지고 있다. 또한 모든 전공에서 OPT 프로그램을 제공하고 있는데, 학생들은 이 전공을 통해서 아마존, 구글, IBM, CNN, 디즈니, NASCAR, 보쉬 등으로 취업을 하고 있다.

프로그램

① BUSINESS PARTNERSHIP OPPORTUNITIES
connects businesses, industry and entrepreneurs to the many resources of the University of South Carolina to create jobs, accelerate innovation and drive economic prosperity in the state, region and around the world.

Business Solutions

We are your single point of contact to help connect your business to the resources at South Carolina's only Carnegie top-tier research institution. We offer access to talent, research, equipment and facilities to help grow your business.

Technology Commercialization

Our renowned researchers are coming up with innovations that will change the world and we want to see these breakthroughs in the marketplace. Our patent and licensing experts make it easy and profitable for you to license our technologies and collaborate in research partnerships.

Entrepreneurship

We coordinate the entrepreneurial programs offered by our centers and institutes and nurture your new venture through CETi, the University of South Carolina Startup Center. Our business launching pad provides a range of services to students, faculty, alumni and community members focused on creating and accelerating successful enterprises.

Innovista Research District

Our Innovista Research District offers office and laboratory space for your innovation-focused business or startup company. The 500-acre district is located in the heart of South Carolina's capital city, bringing together the state's governmental, educational and cultural elements together in one vibrant location.

국제 경영학 혁신 프로그램

- USC에서 국제경영학을 전공하게 되면, 국제경영학을 제외한 다른 경영학 프로그램에서 꼭 복수전공을 해야 한다. 그리고 추가적으로 제2외국어를 부전공 해야 한다. "주전공(국제경영학) + 복수전공(경영학 관련) + 부전공(제2외국어)"를 학업하게 된다.

- USC 국제경영학과에선 재학생들을 위해 다양하고 체계적인 프로그램을 기획하고 있다. 4년 동안의 학업기간 중에 3학년이 되는 해에 한 학기 동안 Study Abroad를 필수로 다녀와야 하는데 그 중에서도 IBCE Hong Kong이나 IBA Chile, Mena Egypt와 같은 프로그램을 선택하면 USC 캠퍼스에서 2년 동안 학업하고 나머지 2년은 각 나라의 명문대에서 학업할 수 있게 된다.

괌 대학교[30]

혁신

- 괌 대학교(UOG)는 서태평양 지역에서 가장 우수한 고등 교육 기관의 하나로, 미 서부 대학 연합의 인정을 받은 학교이다.

- 4개 연구소, 4개 농업 연구소, 1개 영어 교육원, 그리고 다양한 분야의 학부 및 대학원 과정을 두고 있는 4개 단과 대학으로 구성돼 있다. 교수진은 세계 각지의 명문 대학에서 초빙한 교수들로 이루어져 있다.

---

30 대학 홈페이지 참조.

- 연구를 위한 다양한 센터가 설립되어 있다.
  - 연구 및 후원 프로그램
  - 암 연구 센터
  - 개발 장애 교육, 연구 및 서비스 우수 센터(CEDDERS)
  - 섬 지속 가능성 센터
  - 괌 EPSCOR
  - 해양 연구소
  - 미크로네시아 지역 연구 센터(MARC)
  - 바다 그랜트
  - 물과 환경 연구소(WERI)
  - 서태평양 열대 연구 센터(WPTRC)

미래전략(비전)

- 해양연구와 미크로네시아 연구 등에 특성을 강화한다.

- 해양과 환경, 열대, 섬 연구 등 특성화를 통한 혁신적 생존 전략을 추구한다.

Chapter 4

일본

우리나라의 대학체제와 환경이 가장 유사한 체제인 일본고등교육은 사립대학이 전체의 70~80%를 차지하고 있으며, 주목할 만한 혁신 정책은 문부성(일본과학기술부)의 「2040 대학 그랜드 디자인」이다. 이 정책의 핵심은 '대학 간 구조조정, 협력, 연계, 통합'으로, 일본 문부성의 적극적이고 큰 규모의 선별적 지원 정책이라 볼 수 있다. 특히 지역기반 지역 창생(創生)에 공헌하는 대학에 대한 획기적 지원정택이라 볼 수 있다.

일본 대학들의 혁신 트렌드는

① 연계, 통합을 통한 학접, 자원, 교과과정연계 등 구조조정 혁신

② 지역기반형 창생(創生)대학 혁신

③ 세계대학 특히 미국과의 온라인 교류 강화

④ 지방대학 간 공생형 대학혁신

⑤ 융합형대학으로의 전환을 들 수 있다.

일본 대학들의 대표적 혁신 사례를 요약하면 다음과 같다.

1. 통합의 원인

- 중앙교육심의회(우리 국가교육위원회와 유사) '2024년을 목표로 한 고등교육의 그랜드 디자인'에서 언급

〈주요 골자〉

- 저출산(少子化)·고령화 심화 – 대학 간의 협력 불가피 시대 도래
- 하나의 국립대학 법인 복수대학 경영 인가
- 사립대학 내 학부를 양도(교환, 교류)
- 복수의 대학이 연계 추진법안 제정(호환 용이토록)
- 외국 인재 유학생 유입 용이케 허용
- 산업체·기업 인재 대학 교원으로 임용
- 기대효과 : 교육·연구자원의 다양성 및 효과적 공유, 구조조정의 일환으로 국공립·사립의 틀을 넘는 연계, 통합

2. 사례

- 나고야대학 + 기후대학 = 동해 국립대학 기구 등(2020.04) 6개 사례
- 우쓰노미야 대학 + 군마대학 : 학부통합 공동교육(2020.04)
- 온라인 연계대학 : 긴키대 + 도카이대 + 데이쿄대(2021.04)

3. 구체적 사례 : 아사히 신문 디지털 기사(2021.03.31) 참조

- 야마나시 대학(코후市)과 야마나시 현립(현 : 우리의 道)대학은 일반 사단법인 '대학 얼라이언스 야마나시' 설립 문부성 인가(전국 최초) : 공통이수 53개 과목 개설
- 기대효과 : 과목개설 경비 절약 및 교육의 질 상향, 교육연구 자원의 효율성 상승

4. 통합재편의 특징

①지역에 공헌하는 대학(55개)

②전문분야, 특화분야 대학(15개)

③세계적 탁월한 교육 · 연구 대학(16개)

일본 고등교육 혁신의 특징('2040 대학 그랜드 디자인')

1. **문부성의 다양성, 자율성, 특성화 장려, 제도화 지원**

2. **개별 대학의 강점 특색을 살려 타대학과의 연계·협력 권장, 지원**

3. **지역 대학의 국·공립·사립의 틀을 뛰어넘어 대학의 기능 분담, 연계과목 개설, 행정 연계 적극 권장, 지원**

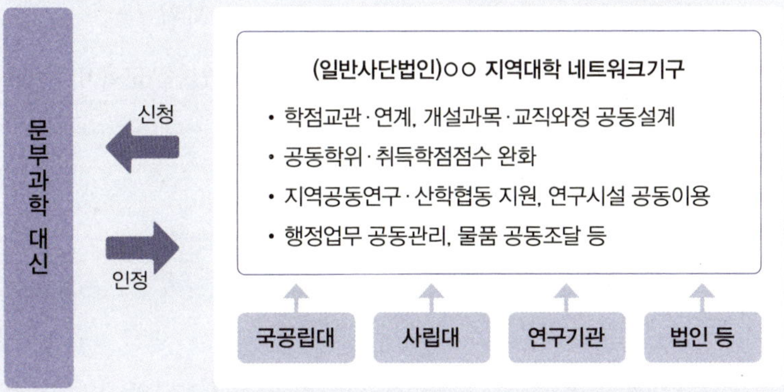

4. **온라인 활용 해외대학과의 교류**
   - COIL(Collaborative on-line Internation Learning)
   - 미국교육협의회(ACE : American Council on Education)와 협력에 의해 실행
   - 교환 유학 확대

- 기대효과 : 지리적 조건에 구애받지 않는 국제 협동 학습 기회 제공, 국제교육기회 향유 학생 증가, 해외대학 학생과 네트워크 확보
- 사례 : 류큐 대학, 태평양 도서지역 13개 대학과 쌍방향 교육, 해외유학생 지원 실시

5. 지방대학의 진흥에 공헌하는 대학에게 문부과학성의 적극 지원

- 지방 창생(創生)에 공헌하는 사립대학에 대한 지원
- 2020년 예산액 : 3조 원(사립대학 등 경상비 보조금)
- 지역 발전에 기여할 인재교육엔 무조건 지원
- 지역 기업에 청년취업 시, 청년이 안고 있는 교육비 부채 지방단체가 지원

매력적인 지방대학의 실현전략(문부과학성자료 참조, 2020.09)

1. 후쿠오카 공업대학

- 저출산시대 전국 유일 14년 연속 지원자수 증가(2006~2020)
- 기업출신 경영진의 리더십에 힘입어 직무협동 PDCA 교수방법 도입
  액티브러닝, 지역과 연계 PBL, 실천형 인재 육성
- 취업 99.8%(2019년), "채용하고 싶은 대학 1위"

2. 미마사키대학(인구 10만 명, 산간지역, 오키야마 북부 지방도시)

- 식품, 어린이, 복지의 스페셜리스트 인정
- 관리영양사, 사회복지사 등의 국가자격 취득
- 전문직 취업률 : 식품 82%, 아동학과 81%, 사회복지학과 86.5%

3. 히로사키 대학

- 아오모리현, 히로사키시 연계, 주민 건강정보 '빅데이터화'
- 39개 사기업과 공동연구, 연간 30억 원 유치
- 제1회 일본 오픈 이노베이션 대상(총리상, 2019)

4. 히코다테 미래대학

- STEAM 인재육성, 학부 신설(200명, 2000년 개설)
- 과학, 디자인, 아트, 커뮤니케이션, 심리학, AI, 융합교육
- 졸업생, 창업에 괄목할 만한 성과

5. 사가 대학

- 일본 최초 데이터사이언스학부 개설, 문이과 융합대학 전환
- 50개 이상 기업과 연계협정, 기부금 20억 원 돌파

* 김종량(2021), 일본 대학 혁신방향 참고자료(일본 사립대학법인협의회 참조).

츠쿠바 대학(산학협력 특화)

혁신

- 전기통신대학 및 도쿄 과학대학과 일본경제단체연합회를 창구로 16개 기업들과 연계된 산학협력이 이뤄지고 있다. 무엇보다 실존적 소프트웨어 개발과 응용에 중점을 두고 정보 공학연구과를 중심으로 연구 개발이 이뤄지고 있다.[1]

1 박은성, [IT와 강원도] ⑤ 일본 IT산업의 R&D 메카 쓰쿠바 대학, 강원도민일보, 2006.11.09.

1. 도요타 자동차와 츠쿠바 대학의 산학협력 사례[2]

1 산학협력 추진 배경

- 츠쿠바 대학이 가지고 있는 학제적 특성과, 일본 대학 가운데는 드물게 '사회공학' 학문분야를 개척한 특성이 있다. 특히, 산학협력을 통해 미래사회 구현을 하고 싶은 도요타 자동차의 요구를 충족시켜주는 산학협력의 예이다.
  - 도요타 자동차는 사회과제의 해결과 경제성장을 동시에 이루기 위하여 산학협력을 통해 오픈 이노베이션 거점을 형성하고자 한다. 차세대 모빌리티와 미래사회상, 즉 사회공학적인 관점에서 관련 연구를 실시하여 소사이어티 5.0 구현을 실현해 나가고 있다.
- 도요타 자동차가 '지방'에서 소사이어티 5.0을 실현하기 위한 모빌리티 서비스와 플랫폼의 첨단 연구거점 구축을 위해 츠쿠바 대학과 산학협력을 추진하는 계기가 되었다.
  - * 일본의 미래 전략 구상인 '소사이어티5.0'은 수렵사회(Society 1.0), 농경사회(Society 2.0), 산업사회(Society 3.0), 정보사회(Society 4.0)에 이은 새로운 사회라는 의미로, AI(인공지능)과 IoT(사물인터넷), 로봇, 자율주행, 빅데이터 등 차세대 기술을 모든 산업과 생활 전반에 도입한 초연결 스마트사회이자 일본이 그리는 미래 청사진이다.

---

2 산학협력 관련 국내외 주간 정책동향, 경상대학교 산학협력정책연구소, 2019.09.

2 산학협력 추진 과정

- 츠쿠바 대학과 도요타 자동차의 산학협력은 개별적 공동 연구에서 시작되어, 조직 대 조직의 산학협력으로 발전·확대되었다.
  - 도요타 자동차가 직면하는 과제를 츠쿠바 대학의 연구자가 대응할 수 있는지를 판단하기 위해, 도요타 자동차는 2015년 당시 츠쿠바 대학 사회공학계열의 전체 교원들(60명)과의 인터뷰를 실시하였으며, 그 결과 교원별 연구테마가 명확해져 공동연구를 통한 산학협력 추진 가능성이 크다고 판단하였다.
  - 또한 츠쿠바 대학은 인간에게 있어서 기본적인 수면과 이족보행에 관한 연구를 수행하고 있어, 도요타 자동차만으로는 해결할 수 없는 각종 연구 수요에 부합되었다(경상대, 2019).
  - 이에 개별적 공동연구로 시작된 츠쿠바 대학과 도요타 자동차와의 산학협력에, 사회공학 이외의 분야 연구자들도 더해져 새로운 융합연구가 시작되어, 결과적으로 조직 대 조직의 산학협력으로 확대되었다.
- 도요타 자동차는 츠쿠바 대학 내에 2017년 4월 '미래사회 공학개발 연구센터'를 설립하여, 지방에서 소사이어티 5.0을 실현하는 모빌리티 인프라의 첨단 연구를 수행하고 있다.
  - 미래사회 공학개발 연구센터는 사회공학을 중심으로

하여 츠쿠바 대학의 학제구성, 복수 기업군에 의한 선진기술 개발과 자자체에 의한 실증실험을 연계함으로써, 지역사회 과제 해결과 경제 성장을 동시에 이루기 위한 정책 제언과 미래사회 구현을 도모한다(경상대, 2019).

- 연구자의 전문 분야는 사회공학 분야가 중심이지만 연구테마에 따라 의학 등 다양한 분야의 연구자가 참여하고 있고, 센터의 교원은 15~16명이며 그 밖에 박사후 연구원, 박사과정 학생 등이 연구에 참여하고 있다.

• 도요타 자동차에서는 기업 내 인사를 센터장과 공동 연구원으로 츠쿠바 대학에 파견하고 있다. 또한 의학부 내에 도요타 자동차 직원을 대학에 상주시킴으로서 학내의 연구자와 일상적 교류를 도모하고 있다(경상대, 2019).

미래전략(비전)

● 앞으로 츠쿠바 대학과 도요타 자동차의 산학협력 고도화와 확대를 통해, 새로운 산업을 창출하고 츠쿠바 대학을 거점으로 지역의 지속가능성에 공헌하고자 함.

- 도요타 자동차의 경우, 대학과의 공동연구 및 산학협력의 중요성을 인식하고 츠쿠바 대학의 사회과학계열 전체 교원과의 인터뷰 실시 등을 통해 기업의 산학협력 수요

에 맞는 대학을 탐색하였으며, 이후 센터 설립, 사원 파견 등을 통해 능동적이고 적극적으로 산학협력을 추진하고 있음.

- 츠쿠바 대학과 도요타 자동차의 산학협력 사례의 주요한 특징으로는 ①공동연구에서 시작되어 대학 내 연구시설 설립, 조직 대 조직의 산학협력으로 발전·확대, ②도요타 자동차는 대학의 사회공학계열 전체 교원들과 교류하며 새로운 연구주제를 탐색, ③대학과 기업 관계자 간의 물리적 거리의 근접성이 이(異)분야 융합에 효과적으로 작용하는 것을 꼽을 수 있음.

게이오 대학

혁신

- 게이오대의 융합형 혁신 체계는 일본에서 최고라는 평가다.

- 대학에 흩어져 있는 첨단 연구 성과를 체계적으로 활용하기 위해 2003년 '종합연구추진기구'를 출범시켰다. 캠퍼스가 수도권에 5개로 분산돼 있는 특성 때문에 산학연구 거점을 체계화하기 위해 이를 만들어졌다.

- 대학이 내부 시스템도 없이 기업에 손만 내밀었으면 힘들었겠지만, 스스로 체계적인 산학연계 조직을 갖추자 민간과의 공동연구가 크게 늘어났다.

게이오대의 '융합형 산학연계' 성과

특허 출원 등록 건수

국내	연도	외국
62	2000	1
83	2001	0
122	2002	0
166	2003	2
157	2004	2
170	2005	13
146	2006	11
169	2007	19

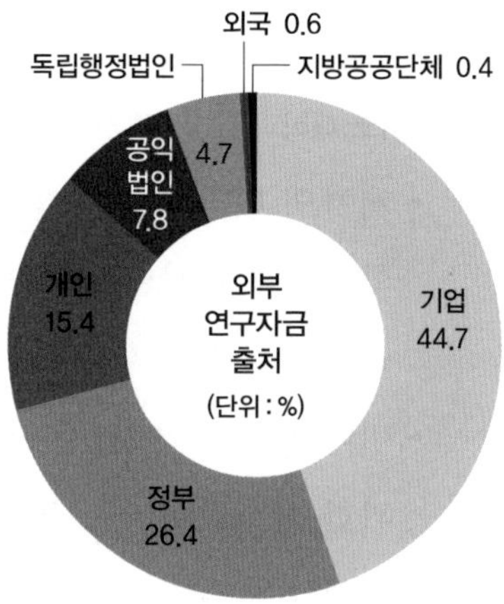

- 특히 문과와 이과·공과 등 여러 학문 간 융합 연구가 늘어나면서 기업은 물론 사회 각계로부터 공동연구 의뢰가 늘고 있다.

- 이런 변화에 맞춰 2008년에는 캠퍼스·학과 간 학문 융합과 산학연계를 연결하고 조정하는 '선도연구센터'를 추가로 출범시켰다.[3]

3 특별취재팀, 학문·연구소·산학… 세계 대학은 지금 '3대 융합 혁명' 중, 중앙일보, 2008.12.18.

● 특히 소연구특화(research compact) 개념으로 on-line형 연구를 특색 있게 추진하고 있다.[4]

1. 게이오 대학과 미디어컴연구소[5]

- 게이오 대학 미디어커뮤니케이션연구소(이하 미디어컴)는 학생들에게 저널리즘을 연구하는 기회와 미디어 현장에 필요한 힘을 연마하는 기회를 동시에 제공한다.
- 미디어컴에 들어가기 위해서는 시험이 있으며, 시험을 통과한 학생만이 연구생이 될 수 있다. 미디어컴에 들어간 학생들은 각기 학부에 재적하면서 부전공으로 미디어와 커뮤니케이션, 저널리즘에 관해 배우게 된다.
- 인기의 비결은 매년 30~40%의 수료생이 신문사와 TV 방송국, 통신사 외 광고회사 등에 진출하기 때문이다.
- 커리큘럼으로는 매스 커뮤니케이션과 저널리즘, 여론에 관한 기본지식과 사고의 취득 등 기초과목과, 법제도와 정책 등 미디어와 저널리즘에 직접 관련된 분야에 관한 기초과목으로서 '미디어산업과정책' '정보통신정책' 등이 있다.
- 연구생은 미디어컴 내 9개의 연구회 중 어느 한곳에 소

---

4 이현청, 게이오대학 : 융합형 스마트대학 모델(미출간자료), 2019.

5 채성혜, JAPAN—산학협력 강화해 '프로' 키우는 저널리즘 교육, 한국언론진흥재단 신문과 방송, 2014.05.

속되어 봄, 여름에는 합숙 등을 하며 공동연구를 진행하였다. 문헌의 해석과 자료수집의 방법, 보고서 작성법도 배우고, 연구 성과는 가을 축제에서 발표한다.

- 이 전공코스 졸업 후 미디어 업계로의 취직률은 70% 이상이다.

2. 게이오대 미디어 디자인 대학원(KMD)[6]

- '디지털 키즈 프로젝트(Digital Kids Project)'는 게이오대의 미디어디자인대학원(Keio Media Design, KMD)에서 진행 중인데 교육, 예술, 미디어, 경영 등의 다양한 학문 간 융합을 바탕으로 기존 학교 교육 방식과는 차별화된 교육을 실현한다.
- 이 프로젝트는 기업이 이 프로젝트의 기획 단계부터 이벤트 참가까지 전 과정에 참여해 부가가치를 창출하며 디지털 키즈 프로젝트는 디지털 세대 아이들의 창조력, 표현력을 길러주기 위한 환경을 제공한다.
- 이 프로젝트는 일본 최대 교육기업 '베넷세'와의 연계를 통해 워크숍을 추진. 기업뿐만 아니라 비영리조직, 예술가, 초등학교, 지방자치단체, 미술관 및 박물관 등과 공동으로 프로젝트를 기획한다. 2020년 현재까지 진행되고

---

6 김아영, 이한나, 〈세계는 지금 산학협력 중〉 일본 산학협력, 활발한 연구 장려, 이대학보, 2009.11.23.

있는 이 프로그램은 실제로 일본 초등학생들을 참여시켜 학내외 곳곳에서 시장 조사, 대상 실제 체험 등의 다양한 활동을 거쳐 결과물을 발표하는 형식이다.

- 이 프로그램은 디자인, 기술 분야에서 실력이 뛰어난 KMD 학생들과 프로젝트의 예산을 지원하는 기업이 만나 아이들에게 질 높은 교육 프로그램을 제공할 수 있으며 애니메이션, 음악, 조형, 연극, 영상, 국제 교류 등 다양한 컨텐츠를 담은 워크숍 진행을 통해 프로젝트에 참여하는 학생의 개인적 연구에도 큰 도움이 된다.

미래전략(비전)

- 게이오 대학의 산학 협력을 중시하는 학풍이 점점 다양한 분야로 확대되고 있으며 이공계의 산학협력 이외에 다양한 분야가 융합된 산학협력도 중요시 함.

- 대학 내 연구 역량을 집대성하고, 융합하고, 기업과의 연계를 체계적으로 추진하고자 하고 있음.

일본 긴키 대학교

- 긴키 지방의 히가시오사카시에 위치하고 있는 긴키 대학교는 1943년에 설치된 대학으로서 '참치' 특화 대학으로 알려져 있으며 학교 기업은 물론 '긴키 참치'로 유명한 대학이며 이로 인해 경쟁력이 괄목할 만하게 높아진 대학이다.

혁신

- 혁신의 내용
  - 도쿄권의 유수한 대학들을 제치고 수험생들의 가장 많은 선택을 받은 대학은 오사카부 히가시오사카시에 위치한 긴키(近畿)대학교다. 입학 정원 8000명의 긴키 대학

의 지원자 수는 2010년부터 점차 증가해 2014년 10만 5000명으로 전국 1위를 했고, 2018년에는 15만 명을 돌파했다. 만 18세 인구가 1992년 205만 명에서 2018년 118만 명으로 줄어든 초고령사회 일본에서, 극심한 대학 서열화에도 불구하고 이뤄낸 성과다.[7]

- 많은 일본 언론들은 '참치'를 주목했다. 긴키 대학교는 1948년 설립된 임해연구소를 모태로 이미 1970년부터 참치 양식 연구를 시작했다. 30여 년의 연구 끝에 2002년 세계 최초로 참치 완전 양식에 성공했고, 2010년에는 상업화에 성공해 시장에 내놓았다. 이른바 '긴키 참치'는 자연산 참치와 비교해도 손색 없을 정도의 맛과 저렴한 가격으로 '긴키 대학교 수산연구소'라는 직영 레스토랑을 통해 일본 전역을 휩쓸었다.
- 긴키 대학교가 참치 등 혁신에 집중하는 이유는 두 가지다. 하나는 기업의 우수한 지적 자산과 사풍을 학생들이 배우고 그것을 학내에 도입하기 위함이고, 다른 하나는 '사회공헌을 실현하는 실천적 교육'이라는 대학 이미지 정착을 위해서다. 실제 긴키 대학이 산학협력을 통해 거둬들이는 수입은 전체 대학 수입의 1.62%에 불과하다며, 대학의 수익 창출이 목적이 아니라는 방증이다. 기업

7 [세상보기] 참치 대학, 그 협력의 시너지를 우리 지역에, 대전일보, 2020.08.03.

수탁 연구비 수입 기준 전국 3위 수준의 적극적인 산학 협력은 일개 지방 사립대학의 브랜드 가치를 올려주었고, 우수한 인재들의 시선을 끌었으며, 참치로 특성화된 개성 있는 대학으로 알려졌지만, 이 역시 협력의 결과였다.

- 지역에 기반을 둔 지방정부와의 협력체계 구축도 눈여겨봐야 한다. 긴키 대학이 위치한 히가시오사카는 일본을 대표하는 도시형 산업집적지이며, 시 소재 중소기업들은 일본의 제조업 침체기를 버텨낸 이후 강한 회복력을 보였는데 이것은 지역 대학과의 협력에 힘입은 바 크다는 분석이 지배적이다. 일례로 긴키 대학 대학원에는 '히가시오사카 모노즈쿠리' 전공이 설치되어 있어 지역기업과 공동 연구를 통한 신기술 개발을 지속하고 있다.
- 긴키 대학 학교기업의 활약상도 돋보였다. '긴키 참치'라는 브랜드로 출원해 판매하고, 대학 법인 최초로 도쿄 긴자에 '긴키(近畿) 대학교 수산연구소'라는 직영 레스토랑을 운영, 일본 전역에 학교 이름을 일반 대중에게 인식시켰다. 이런 긴키 대학의 독창적인 행보는 "긴키 대학은 긴키대만의 뭐가 있다, 긴키 대학은 자기 색깔이 뚜렷하다"는 식의 긍정적인 평가를 받기 시작했다.
- 학교운영도 학생 위주로 생각을 바꿨다. 2013년에는 일본 최초로 인터넷 원서 접수제도를 실시해 지원료를 기존보다 3000엔(약 2만 7500원) 낮췄고, 이공계 비중이 높은 긴키 대학은 당연히 남학생의 비중이 높을 수밖에 없었다.

여학생들의 지원율을 높이려고 학과 개편 및 시설 정비도 실시했다. 사회·심리·인테리어 디자인 등 여학생이 선호하는 학과를 새로 개설하고, 시설적인 면에서도 2000년부터 강의실·도서관 등 교육 시설을 새롭게 개·보수, 남자 화장실보다 2배 넓게 만들어진 여자 화장실은 별도 파우더룸까지 구비하는 등 변화하는 학교라는 이미지를 심었다.

- 긴키 대학은 '간사이의 가장 아름다운 캠퍼스'로 부상했고, 현재 긴키대 여학생 수는 20년 전보다 2배 늘어 정원의 30%를 차지하고 있다.
- 일본 사회는 "일본은 바뀔 줄 모른다. 그래서 누군가에게 강제적으로 바뀜을 당해야만 바뀐다"는 일본 사회의 구조적인 문제와 한편으론 이런 일본의 미래가 어둡다는 공통적인 두려움에 빠져 있었는데 일류대를 제치고 수험생으로부터 가장 인기 높은 대학으로 변모한 긴키 대학에서 돌파구를 찾으려는 심리가 작동했다는 분석도 나온다. 기존의 것을 파괴하고 새롭게 문화를 만들어냈다는데 후한 점수를 주고 있다(대전일보, 2020).
- 긴키 대학은 노벨상 수상자를 배출한 교토(京都)나 나고야(名古屋) 등 지방 명문대가 결코 아니며, 입학 성적은 도시샤(同志社)나 리쓰메이칸(立命館) 등 간사이 유명 사립대보다도 떨어진다. 평소 "도쿄대 말고는 대학 가는 의미가 없다"고 심한 도쿄대 엘리트론을 펼치는 것으로 이름 난

호리에 다카후미(堀江貴文) 前 라이브도어 CEO도 이 책을 읽고 "긴키 대학이 가장 잘한 일은 어느 대학도 자기 대학의 건학이념을 보여주는데 실패했지만 긴키 대학은 달랐다"고 평하며 "일본에 긴키 대학 정도는 있어도 좋을지도 모른다" 는 역할론을 인정했다.

- 긴키 대학 출신 오구라 긴조 동문(43)은 "모교가 이렇게 변화, 진화해나가는 데에는 1948년 개교 당시 건학 이념으로 내세운 '실학(實學) 교육'이 근간이 됐다"며 "일본 사회에 긴키 대학이 시사하는 바는 '역동적 변화'만이 일본을 재건할 수 있다는 것"이라고 역설한다.
- 긴키 대학의 약진에 일본 사회가 이렇듯 주목하고 화제가 되고 있는 것은 대학의 중요성과 너무나도 정적(靜的)인 일본 사회에 일본 국민들마저 각성을 하고 있다는 방증으로 해석되고 있다.[8]

8 이윤, [해외통신] "일본 사회가 긴키 대학으로 고무됐다", 유스라인, 2015.02.05.

- 긴키 대학은 대기업과의 협력도 하지만, 가능하면 현지에 최적화되어 있는 중소기업과의 협력을 중요시한다. 시 정부도 지역 내 네트워크를 통해 산업 생태계의 활성화를 유지시키고자 실용적이고도 세밀한 지원을 아끼지 않았다. 그 결과 대학은 대학대로 개성 넘치는 도약을 할 수 있었고, 지역 산업의 경쟁력은 강화됐다.

일본 큐슈 대학[9]

혁신

혁신 프로그램

- 2012년 URA(University Research Administration) 제도를 도입하면서 URA 인재를 조직적으로 배치하기 시작했다.

- 2016년 10월에는 국내외 산업계를 포함한 오픈 이노베이션과 벤처창출, 신산업창출, 이를 담당할 인재육성지원을 가속화하기 위해 산학협력 관련 연구·교육·지원조직을 재편

9 정성춘, 일본의 개방형 혁신전략 : 산학협력을 중심으로, 대외경제정책연구원, 2020.02.

하여 현재의 조직체계를 구축하였다.

- 큐슈 대학의 산학협력도 수탁연구, 공동연구, 지재활용 및 기술이전, 벤처 창업 등이 핵심적인 분야를 구성하고 있다.

- 수탁연구나 공동연구의 경우 큐슈 대학의 연구자와 민간 기업의 연구자 간 개별적 협력관계를 공식적인 계약 체결을 통해 보다 안정적이고 장기적인 협력관계로 발전시키고 있다.

- 큐슈 대학의 산학협력에서 나타난 가장 큰 특징은 자치단체와의 협력을 중시하고 있다는 점이다. 큐슈 대학은 자치단체의 행정적 과제해결에 도움이 될 수 있는 큐슈 대학의 연구자 및 연구성과를 분야별로 검색하는 시스템을 제공하여, 자치단체와 큐슈 대학 연구자 간의 연계를 지원하고 있다(정성춘, 2020).

- 큐슈 대학에서는 벤처 창업을 지원하기 위해 창업상담제도를 마련하고 있다. 큐슈 대학의 연구성과를 활용하거나 큐슈 대학이 창출한 지식재산을 활용하여 창업을 하고자 하는 큐슈 대학 소속 교직원, 학생, 혹은 소속 이외의 개인이나 큐슈 대학발 벤처기업을 지원하고자 하는 법인은 창업상담제도를 활용할 수 있다.

큐슈 대학 학술연구, 산학관연계본부의 조직구성과 업무

학술연구 · 산학관연계본부			
그룹		연구 · 산학관연계추진부	
명칭	주요 업무	명칭	주요 업무
연구전략그룹	• 정책정보 등 수집·분석 • 대학 현황 분석 및 타 대학 벤치마크 • 연구전략책정 지원	연구기획과 총무기획계	• 학술연구 관계 사무 전반
그랜트서포트 그룹	• 연구자금 획득 및 학제적 연구추진 등 관련 업무 • 연구 프로젝트에 관한 기획, 조정, 신청, 실시 지원 • 창조적 · 선구적 · 혁신적 연구정보 수집 및 발굴	연구기획과 연구지원계	• 학내 연구지원제도 전반
산학관연계 추진그룹	• 국내산학관연계 추진 • 국제산학관연계 추진 • 조직대응형연계 · 공동연구부문 등 추진	연구추진과 연구자금계	• 과학연구비 조성사업 등에 관한 사무 전반
지적재산그룹	• 지재교육과 계몽 • 지재 발굴과 권리화 • 지재 마케팅과 라이선스	연구추진과 프로젝트 지원계	• 학내 공동교육연구센터에 관한 사무 등
벤처창출 추진그룹	• 대학발 벤처 창조·지원 • 학내 창업인재 육성	산학관연계추진과 연계기획실 (연계기획계)	• 산학관연계 관계 사무 전반
산학관연계 섭외·조정 그룹	• 각 그룹 총괄·조정 • 학내외 상담창구 • 홍보 및 이벤트 기획·추진	산학관연계추진과 연계사업추진실 (연계사업추진계)	• 산학관연계 관계 사무 전반
		산학관연계추진과 연계기획실 (수탁공동계약계)	• 수탁연구 · 공동연구 계약 체결

자료 : 큐슈 대학 홈페이지, http://airimaq.kyushu-u.ac.jp/upload_file/editor_files/AiRIMaQPamphlet.pdf(검색일:2020.2.6)에서 저자 작성.

- 2017년 큐슈 대학의 산학연계 담당 실무자는 75명, 실무자 1인당 연구자 수는 47명이다. 산학연계 담당 실무자에는 변리사가 포함되어 있다.

- 대학발 벤처사업종자 육성지원 프로그램(큐슈 대학 갭펀드)
  - 큐슈 대학과 고용관계에 있는 자로서 자신의 연구성과를 바탕으로 창업하고자 하는 자를 지원하는 제도이다.
  - 최대 200만 엔을 최대 10건까지 7개월간 지원하는 제도이다.

- 실무자들이 담당하는 산학협력 업무분야

  ① 공동연구 등 기획/제안,

  ② 계약서에 성과목표, 달성시기 등 명기,

  ③ 공동연구계약 체결/판단 등 계약권한의 집중,

  ④ 공동연구 진척 관리 및 피드백,

  ⑤ 기업의 기술적 수요에 대응한 기술이전, 사업화 제안 업무

일본 교토 산업대학

혁신

프로그램 내용 : Co-op(장기현장실습)[10]

- 일본에서 Co-op(Co-operative education, 장기현장실습) 교육은 '커리어 교육'이라는 이름으로 전개되고 있으며 그 역사가 짧고 아직 도입단계에 있다. 그러나 최근 경제의 불황으로 인한 기업의 인적투자 감소 등에 따라 일본 정부에서도 정책적으로 큰 관심을 보이고 있다.

---

10 산학협력 관련 국내외 주간 정책동향, 경상대학교 산학협력정책연구소, 2017.04.

- 교토 산업대학은 일본 4년제 대학 가운에 대학 교육과정에서 Co-op교육을 선도적으로 추진하고 있으며 일본 정부 및 국내외 관련 교육기관에서도 높은 평가를 받고 있다.

- 교토 산업대학의 Co-op교육을 포함한 산학협력교육은 재학생들이 학교 교육과 기업에서의 현장실습 교육을 정규 학기와 방학을 이용해 번갈아 받을 수 있도록 샌드위치 방식으로 하는 것이 특징이다(경상대, 2017).
  - 우리나라 대학생 현장실습 수업에 해당하는 체험 프로그램, 실습학기제와 같은 장·단기 현장실습 교과목 등의 다양한 산학협력교육 교과목을 전학년 재학생을 대상으로 개설, 운영 중이다.

- 특히, 2014년 이후부터 일본 대학 산학협력교육의 새로운 형태로서 일본형 Co-op교육 프로그램을 체계적으로 구축하여 운영하고 있다(경상대, 2017).
  - 경제, 경영, 법학부 학생을 대상으로 2~3학년 2년간의 교육 프로그램으로 운영되고 있으며 교양, 전공, 실무 교육의 융합 교육으로 이루어진다.
  - 공동교육과목인 Co-op세미나에서는 직장 윤리, 예절, 안전 교육, 문서 작성의 컴퓨터 교육 등이 이루어지며, 전공교육과목에서는 각 전공의 특성을 살린 수업이 실시된다.

- 3학년 1학기에는 산업체 현장에 직접 나가 15주간의 장기현장실습이 실시되며, 현장실습 실시 이전과 이후에 사전 및 사후 전공 교육 프로그램이 운영된다.
- Co-op교육 과정 운영은 대학 내 산학협력교육 전담 부서인 커리어교육센터의 직원들과 학과 전공 교수들이 전담하고 있으며, 각 기업체 현장에서도 현장실습생 전담 지도사원이 관리, 지도하고 있다(경상대, 2017).

교토 산업대학 Co-op교육 프로그램

구분	2학년		3학년	
	1학기	2학기	1학기	2학기
공통교육과목	Co-op 세미나 1	Co-op 세미나 2	Co-op 세미나 3 (집중강의)	Co-op 세미나 4
전공교육과목	-	현장실습 사전(事前)연구	장기현장실습 (국내) 장기현장실습 (국외)	현장실습 사후(事前)연구

출처 : 경상대 산학협력정책연구소, 2017.04.

미래전략(비전)

- Co-op 교육프로그램이 기반이 되는 직업 적성 교육을 강화하고 2+2 형태의 융합실무교육을 강화한다.
- 1학기 현장실습프로그램을 활성화한다.
- 현장 연계형 장기현상 실습 프로그램을 운영하여 대학 혁신과 생존전략으로 정립한다.

공립 아키타 국제대학교
(AIU, Akita International University)

- 2004년 설립된 '작고 강한 대학'으로 알려진 AIU는 아키타 현에 미네소타 대학 아키타 분교가 폐교한 자리에서 시작하였다.

- 신입생 100명으로 시작한 이 대학은 현재 학부생 865명, 전문직대학원 55명이 되었다.

- 최소 1년간 해외유학이 졸업요건으로 설정되었다.

- 현재도 전공학과 없이 교양교육만을 제공한다. 목표는 글로벌 인재육성이다.

- 모든 수업은 영어로 진행된다.

혁신[11]

학생중심 대학

- AIU는 대학 운영에 있어서 투명성을 강조한다. 그대로를 보여주면서, 잠깐 동안이지만 대학의 일원이 될 수 있는 기회를 제공한다. 이는 1년에 3번, 7월, 9월, 10월에 입시 설명회를 포함한 Open Campus 행사에서 제공된다. 이 행사에 학교의 모든 학습 과정을 학생과 학부모에게 공개한다.

- 공개 수업은 영어 모의 수업으로 진행된다. 흥미로운 점은 모든 공개 수업에 학생과 부모가 모두 참여가능하다는 점이 강점이다. 부모는 모두 대기실로 안내되는 국내 대학과는 다르게 AIU는 학생이 직접적 고객이라면 부모는 간접적 고객이라는 점을 충분히 인지하고 있다.

- 학생 선발과정은 성적만이 아니라 학생들이 가지고 있는 성장 잠재력을 판단하기 위해 수험생이 성적만이 성장을 보장

---

11 임명성, 아키타 국제교양 대학의 융합교육에 대한 사례연구, 2016.

해 주지는 않는 다는 점을 반영한 결과를 강조하고, 그동안 쌓아온 다양한 잠재력을 총 16종류의 전형으로 평가한다. 이다. 예를 들어, Gap Year 제도는 개성 있는 학생 모집을 위한 16가지 입시 전형 중 하나로 다양한 사회경험과 특정 활동(예: 봉사활동)만으로 입학의 기회를 주는 제도이다.

- 수업은 일방적인 주입식 교육이 아닌 생각하고 말하는 기회를 최대한 제공하기 위해 교수와 학생 간의 토론으로 이루어지며 이를 위해 수업 당 학생 수를 약 18명 내외 수준으로 유지하고 있다.

- 학생중심 대학이라는 특징은 학생상담제도에서도 확인할 수 있다. 이 대학이 규정하고 있는 학생지원제도는 교수가 주어진 상담 기간 동안 상담해야 하는 학생의 수를 정해 놓고 있기 때문에 교수는 무엇보다 우선적으로 학생 상담에 심혈을 기울이도록 운영하고 있다.

국제화 교육

- 글로벌 인재를 육성하기 위해 교양교육을 바탕으로 전 과목 100% 영어 강의로 진행하고 있다. 차이점은 영어 강의에 익숙하지 못한 학생들을 위해 영어 실력을 향상시킬 수 있는 프로그램을 의무적으로 수강하도록 규정하고 있다는 점이다.

- AIU가 가지고 있는 영어집중 프로그램(EAP, English for Academic Purposes)은 입학 시 수강하게 된다. 본 과정에서는 100% 영어 수업을 위한 기초 영어 실력 향상 프로그램을 운영하고 있다. 궁극적인 목적은 영어 실력을 향상시키는 것이 아니라 영어 학습을 위한 준비를 시키기 위한 단계(Learning English for "Learning in English")이다.

융합 교양 교육

- 교양교육은 약 2500년 전 고대 그리스어인 "artes liberales"에 그 기원을 두고 있는데 의미는 "인간이 자유로운 존재로서 습득해야 할 기본 교육"을 말한다.

- AIU는 외국어를 포함한 폭넓은 교양수업과 교내활동을 통해 세상을 보는 다각적 안목과 배움의 이유를 스스로 고민하고 생각할 기회를 학생들에게 마련해주기 위해 개교부터 전공학과를 만들지 않았다. 무전공 융합교양교육 체제로 운영해왔다. 반면에 수업의 핵심은 교양교육(liberal arts, kyoyo inJapanese) 위주로 진행된다.

미래전략(비전)

- 아키타 국제대학교는 상대적으로 신생대학이고 동경외국어대 총장을 지닌 분이 은퇴 후 설립하여 교양 특성화 중심의 국제 대학으로 발전시켰다.

- 외국어 특성과 교양 그리고 인문사회 중심의 교양 특성화로 생존전략을 추구하고 있다.

리츠메이칸 대학

혁신[12]

- 간사이 지역 4대 사립명문의 하나
- KIC · BKC · OIC 등 3개 캠퍼스
- 반경 30km 이내 독립적으로 운영
- 재학생 40% 이상은 역외서 진학

12 박종문, [대학혁신의 길] 일본을 가다 ④ – 리츠메이칸대학교, 영남일보, 2018.12.18.

- 2020년 '글로벌 교양학부' 설치

- 외국인 교원비율 50% 확대 추진

- 지역사회와 협력을 중대 가치로

- 교육·연구·캠퍼스 만들기 추진

- 다양한 활동 통해 상호신뢰 구축

- 아시아·세계 연결하는 관문 자청

- 3대 핵심 운영 콘셉트
  - 아시아로 가는 관문(Gateway to Asia)
  - 도시 공동창조(Urban Co-Creation)
  - 커뮤니티 및 지역 협업(Community and Regional Collaboration).

- 글로벌교양학부 개설
  - 다원적 지식을 바탕으로 유연하고 실용적으로 문제를 해결하는 능력을 갖추고 세계를 선도하는 혁신 인재를 만들어내는 것을 목표로 한다. 글로벌교양학부는 4차 산업혁명으로 촉발될 국경 없는 세계에서 스스로의 적응능

력과 타인을 존중하고 문화의 차이를 넘어 소통하는 능력을 키우는 데 중점을 두고 있다. 세계적인 이슈에 대한 이해와 문제해결 능력을 갖춘 인재 육성의 필요성에서 글로벌교양학부를 개설.

- 글로벌교양학부는 '호주국립대 코럴 벨 스쿨'(ANU Coral Bell School)과 공동 작업을 통해 만들어진 학부인데 원칙적으로 모든 학생이 4년간 2개의 학위 취득을 목표로 한다. 일본에서는 21세기 글로벌 시민에 어울리는 주체성을 몸에 익히기 위한 일반교양학문을 중심으로 배우고, 호주에서는 세계화의 역동성을 체험하면서 아시아·태평양 지역에 대한 지식을 쌓는다. 양 대학에서 수업요건을 충족하면 OIC 학사(글로벌교양학)와 ANU 학사(아시아·태평양학)를 취득할 수 있다. 학부 전체가 해외 대학과의 이중 학위를 전제로 만들어진 프로그램은 일본에서 최초다. 4년간 모든 수업을 영어로 진행한다(박종문, 2018).

- 지역협력실 운영
  - OIC는 캠퍼스 조성 단계에서부터 이바라키시, 지역상공회의소 등과 긴밀한 관계를 형성했다. 교토의 기누가사캠퍼스나 시가현 비와코쿠사쓰캠퍼스가 별다른 지역협력 없이 운영돼 온 것과는 출발부터 달랐다.
  - 이바라키시에서는 OIC캠퍼스 건축에 시 재정을 투입했고, 학교 앞 방재공원인 이와쿠라공원을 OIC가 관리하

도록 했다. 반면 OIC에서는 학교운영 핵심 방침의 하나로 '지역사회 연계'를 내걸고 지역사회와 함께 교육·연구·학생활동·캠퍼스만들기 등을 추진하고 있다. 이를 통해 상호 신뢰 관계를 구축하고 지역사회가 가진 문제의 해결, 새로운 가치의 창출 등을 통해 지역사회 발전에 기여하는 것을 목표로 한다(박종문, 전게서, 2018).

- 지역협력실은 지역과 대학의 가교 역할을 하고 있는데 △지역·지자체 등과의 공동 프로젝트 코디 △세미나 및 학생의 지역 프로젝트 지원 △학교 내외 매칭 연계 △지역사회 만들기에 관한 자율 사업(커뮤니티·공창프로젝트·OIC강좌 등) △지역사회 협력에 관한 사례 축적, 정보 수집, 자료 제공 △지역사회 연계 활동 △오픈캠퍼스 만들기 등 광범위하다(리즈메이칸대 홈페이지, 2020).
- 리즈메이칸 대학은 열린 캠퍼스로 운영되고 있는 것이 특징 중 하나다. 또 학생들은 지역사회 행사에 적극 나서 커뮤니티의 활성화에 기여하고 있다. OIC는 친환경 시스템 도입, CO2 저감에 기여하는 건축 설계, 재해에 강한 마을 만들기 프로젝트 등 지역사회의 안심·안전에 기여하는 캠퍼스로 운영하고 있다.

- 60여 개국 3000여 명 유학생 유치… 학생·교수 반이 외국인[13]
  - 2000년 개교한 APU는 우수한 인재를 확보하기 위해 학교를 짓기 전 382개 기업과 그 외 개인으로부터 41억 엔(426억 원 정도)의 장학기금부터 조성했다. APU를 지지하는 Adversary Committee(AC)를 만들어 기업을 순방하며 기업들을 AC에 등록시킨 게 후원금으로 이어지는 효과를 냈다. 기부금과 후원금은 고스란히 학생에게 투자되고 있다.
  - 대부분 과목은 일본어와 영어, 2개 국어로 수업이 진행된다. 유학생은 일본어로 말할 수 없어도 영어가 되면 입학할 수 있고, 졸업할 때까지 일본어를 익혀 일본 현지에서 취업할 수도 있다. 일본어에 능숙하지 않아도 해외에서 안심하고 학생들이 모여드는 이유다. 교수와 강사도 인원의 절반이 외국인이다.

- 학문 '융합'과 '배우는 법' 장려
  - APU의 특징은 학문 간의 융합을 추구하는 '학문 블렌딩'이다. '아시아태평양학부'와 '국제경영학부'가 있는데 아시아태평양학부에서는 국제적 시점에서 지역과제를 발견하고 환경, 관광, 문화 그리고 국제관계 등 다양한 분야

---

13 이현진, [해외대학으로부터 배운다 / 리츠메이칸 아시아태평양대학교] 학령인구 감소… 글로벌 혁신교육에서 답을 찾다, 한국대학신문, 2019.01.13.

를 뒤섞어 새로운 학문을 만들어 가고 있다.

- 국제경영학부에서는 세계수준의 비즈니스 교육을 목표로 학생들과 함께 글로벌 니치 톱(GNT; Global Niche Top)에 대해 연구하고 일본과 세계를 잇는 새로운 경영학을 목표로 추구한다.

● '4가지 100'으로 '3가지 50' 달성(이현진, 2019)

- APU의 교육목표는 '4가지 100'이다. 첫째 100은 신입생 교육기숙사 100%다. 다문화·이문화 체험 등 교육효과가 높은 국제 교육기숙사 AP하우스를 유학생뿐만 아니라 일본인 학생을 포함한 전 신입생들이 활용할 수 있는 교육기숙사로 활용한다. AP하우스에서는 2인 1실의 방에 각기 다른 국적의 학생이 묵으며 서로 배우는 구조를 만들어 간다. 다문화를 피부로 배울 수 있는 현장인 셈이다.
- 두 번째 100은 다문화 환경을 활용한 수업에서의 협동학습 실천 100%다. APU의 다문화교육환경을 활용해 학생 참가형으로 유학생과 일본인 학생이 서로 배우고 협동학습을 하는 과목을 100%까지 확대한다. 이를 위해 세계에서 활약하는 졸업생의 전문분야, 경험, 네트워크 등을 활용한다.

- 4가지 100 중 두 개의 100은 미래전략의 핵심이라 볼 수 있다. 셋째 100인 'Gateway to Asia'는 일본이 선진국으로 달려온 축적된 경험과 지식을 활용해 아시아와 세계를 연결하는 관문 역할을 하는 것이다. OIC가 중심이 되어 아시아 국가와 학생들에게 지식과 경험을 전수하고 이를 기반으로 아시아를 대표하는 대학으로 성장시키겠다는 포부다. OIC는 또 아시아 내에서 진정한 신뢰와 동지애를 증진시키는 인적자원 개발에 기여할 것을 목표로 한다(한국대학신문, 2019).

- 넷째 100인 'Urban Co-Creation'은 도시 전역에 분포돼 있는 잠재성을 활용하기 위해 다양한 사람과 조직(단체)을 네트워크화하는 것이다. OIC가 지역혁신의 거점으로써 창의적 연계를 통해 지역의 새로운 가치를 창출하겠다는 의지다. 'Community and Regional Collaboration'은 지역사회와 지역공동체를 통해 교육·연구·학생활동의 분야를 확대하고 다양한 활동을 통해 상호신뢰 관계를 구축함으로써 풍요로운 지역사회와 사회를 만드는 데 기여한다는 목표다.

동경 대학(도쿄 대학)

설립이념

- 학생들에게 지적인 발전과 전문적인 기술 및 지식 습득의 기회를 장려하는 풍족하고 다양한 교육환경을 제공하는 것

혁신사례

- 도쿄대 변신의 궤적[14]
  - 2004년 도쿄대 벤처 캐피털이 설립되었고 2015년 기준으로 총 300억 엔(한화 약 3100억 원)의 펀드를 조성해 창업 이전의 시드(Seed)단계를 포함, 초기 단계의 벤처에 투자했다. 투자 기업 70개 중에서 9개사는 상장되었고 8개사는 M&A 되었다.
  - 도쿄대는 기업가 교육을 꾸준히 진행해온 결과 2015년 기준, 기업가 교육을 받은 학생은 누계 2000여 명에 이르렀다. 2013년을 전후해 하나둘 성과가 나오기 시작했다.
  - 2016년도에는 도쿄대와 일본의 경단련(우리나라의 전경련에 해당)이 '도쿄대·경단련 벤처 협창회의'를 최초로 개최하였다. 협창의 의미는 협동으로 창조한다는 의미이다. 경단련 회원사들은 그간 일본 대학의 벤처에 대해 'IT 중심의 가벼운 창업'이고, 대학의 특허 인식도 매우 낮다'며 대학과 협력을 하기는 어렵다는 태도를 취해 왔다. 2016년 첫 회의는 이러한 부정적인 인식이 해소되었음을 의미한다.

---

14 아이피노믹스, 일본 대학 벤처의 아이콘 '도쿄대 벤처'가 주는 시사점, 헬로디디, 2019.06.25.

미래전략(비전)

- 동경대는 일본의 대표적 국립대학이자 세계적인 대학 중의 하나로 자리잡고 있다.

- 근래들어 창업과 벤처협력과 창조에 치중하고 있으며 기업가정신을 추구하고 있다.

- 문과, 이과 융합교육을 통한 연구중심대학으로의 지속적인 발전을 추구한다.

히로시마 대학 혁신

혁신[15]

- 일본 이동통신사업자인 NTT도코모는 히로시마 대학과 공동으로 '스마트치료실(SCOT:Smart Cyber Operating Theater)'과 5G 기술을 결합해 원격 의료 지원 현장 실험에 성공했다.

- SCOT은 다양한 수술 영상과 수술 데이터를 통합적으로 연계 및 시각화해 원격 수술의 정확도와 안전성을 높이는 첨단 의료 시스템이다. 수술실 MRI, 현미경 등 많은 의료

15 장길수, NTT도코모-히로시마대, 5G 활용 원격 수술시스템 구축, 로봇신문, 2019.12.02.

기기에서 수집한 영상과 생체 데이터를 활용하며 로봇 팔, MRI스캐너, 고해상도 모니터 등과 연동된다.

- 히로시마 대학병원에 있는 SCOT와 NTT도코모 중국 지사에 설치된 '모바일 전략 데스크'를 5G로 연결하는 방식으로 진행된다. 5G 기술을 이용해 원격지에 설치한 모바일 전략데스크측 숙련 의사가 SCOT에 있는 뇌 수술 집도의에게 실시간으로 원격 수술을 지원하는 시스템을 구성해 5G 연결성을 검증하고 있다. 5G 통신망을 활용해 대량의 수술 데이터를 실시간으로 전송하는 것은 일본에서 처음으로 추진되어 성공을 거두고 있다(장길수, 2019).

미래전략(비전)

- 현재 도쿄여자의과대학, 히로시마 대학과 신슈대학(信州大學) 등 5개 대학에 스마트치료실이 설치되어 있으며 덴소, 히타치제작소 등이 참여하고 있는데 IoT를 활용해 각종 의료기기·설비의 접속을 통해 수술의 정확성과 안전성을 향상시키는 노력을 기울이고 있다.

- 연구진은 앞으로 뇌수술 등의 응급 수술이 필요할 경우 전문의 없이도 숙련 의사가 원격으로 수술을 지원하는 시스

템을 구축하겠다는 계획이다. 도코모와 히로시마 대학은 2020년 봄까지 히로시마 대학을 5G 영역으로 만들어 이번에 실험한 의료 플랫폼의 본격 검증에 들어간다는 계획이다. 이 계획은 2021년 이미 시행되고 있다.

일본 오사카 상업대학[16]

혁신

프로그램

① OBP 코스(비즈니스 개척자 코스)

학부·학과의 틀을 벗어나 소수 정예 클래스에서 배울 OBP 코스. 그룹 작업과 프레젠테이션을 많이 체험할 수 있는 과정으로 학생끼리 경쟁 학습 환경에서 학부, 학과를 넘어 '차세대 비즈니스 리더'를 육성하는 것이 목적이다.

---

16 대학 사이트 참조.

② GET(Global Entrepreneur Training) 과정

영어와 비즈니스 기술을 연마 글로벌 사회의 전력을 육성한다. 독자적인 커리큘럼으로 구성되어 있고, 1년간의 장기 유학을 실시. 유학 대학의 학비가 전액 면제되며, 본교 등록금을 4년간 반액 면제하는 등 경제적 지원도 하고 있다.

③ 비즈니스 아이디어 콘테스트

새로운 제품과 비즈니스 모델 아이디어를 기획서에 정리해 발표하는 대학생을 대상으로 한 콘테스트. 과제를 제공해줄 기업과의 협동을 통해 상품화를 목표로 할 수 있다.

④ 현장 세미나

실제 사회의 다양한 현장에 뛰어 들어 지역의 행정, NGO, 중소 제조업체 등 다양한 기관과 함께 과제를 해결함으로써 높은 사회적 문제 해결 능력을 익힌다.

미래전략(비전)

- 기업가정신과 차세대 비즈니스 리더 육성에 치중하고 있다.
- 장기유학 장학금 프로그램과 현장 중심 교과 운영을 강화한다.

Chapter 5

—

독일

미텔슈탄트 대학

혁신

- 강소기업 최적화 핵심 인재 양성의 전당이다.

- 미텔슈탄트대가 추구하는 교육 목표는 독일 강소기업에 필요한 인재를 위한 훈련과 교육에 대한 연구를 비롯해 체계적인 커리큘럼을 운영하는 데 목표를 두고 있다. 구체적으로 실제 적용 가능한 교수법과 학습을 통해 국내외의 직장, 학문적인 전공분야에서 리더십을 발휘할 수 있도록 학생들을 지도한다. 미텔슈탄트대 학생들은 졸업 후 회사에 곧바로 투입돼 업무와 직책을 수행할 수 있도록 기초가 튼튼한 학문적 지식과 방법을 배운다.

- 졸업생들이 성공할 수 있었던 것은 바로 현장 적용이 가능한 교육과 산학협력을 통한 교육구상이 뒷받침됐기 때문이다. 미텔슈탄트대는 현장 전문가를 교육에 참여시켜 학생들에게 현장과 유리되지 않는 실질적인 교육을 시킨다. 교육을 강의실에서 이론만으로 진행하지 않는다는 점도 주목할 만하다. 또 학생들이 스스로 실험하고, 연구할 수 있는 환경을 조성해 이론을 체화하는 교육을 실시한다. 이 밖에 지역기업이나 지역 사회를 발전시키기 위한 연구프로젝트에 학생들을 참여시켜 현장에서 실천 가능한 지식을 습득할 수 있도록 지원한다.

- 미텔슈탄트대는 혁신연구에 방점을 두고 대학과 기업이 긴밀히 협력하는 체계가 잘 갖춰져 있다. 이를 위해 강소기업을 위한 혁신적인 학위 프로그램을 개발하면서 경제·사회와 연계되는 새로운 학습 과정을 만드는 데 공을 들이고 있다. 국내외 연구 개발 프로젝트를 적극 습득해 이를 강소기업뿐만 아니라 사회에서 적용 가능하도록 하는 전달 시스템도 구축한다.

- 실용적이고 응용학습에 초점을 둔 현장실습 교육은 미텔슈탄트대만의 강점이자 차별점이다. 전일제 학습인 50개의 학사코스와 석사 과정을 학습 프로그램으로 제공하는 한편 직장인을 위한 시간제 학습도 수강할 수 있도록 한다. 온라

인-대학 학습과정과 자격증과정을 운영해 학문적 교육의 지속성을 확보하고 있다.

미래전략(비전)

- 미텔슈탄트대가 추구하는 교육의 혁신 포인트는 지역기업 현장과 긴밀하게 협력해 기업에 맞는 인재를 키워내는 것이다. 이 대학에서 공부하는 학생은 실질적으로 직업을 보장받기 때문에 기업수요를 면밀히 파악하고 지역·기업에 맞는 인재양성에 대학의 핵심역량을 집중한다.

뮌헨 대학교

혁신

프로그램

① 온라인 학습 과정

교육학 소개 및 마케팅의 기초부터 의료 진단 방법에 대한 실제 지침에 이르기까지 LMU의 디지털 과정을 매우 다양하게 운영하고 있다.

대규모 개방형 온라인 코스

LMU는 2013년부터 Coursera 플랫폼에서 수많은 MOOC를 무료로 제공하고 있다.

iTunes U의 LMU

LMU는 2009년부터 iTunes U에서 무료로 다운로드할 수 있는 디지털 연구 및 교육 콘텐츠를 제공하고 있다.

VideoOnline

VideoOnline은 특히 심리학 및 교육 학부의 분야에서 미디어 교육을 위한 웹 포털이다.

② 국제적인 과정

영어 석사 과정

LMU의 영어 석사 프로그램은 국제 경력을 준비하려는 모든 사람들을 대상으로 한다.

이중 학위 프로그램

외국 대학과의 협력의 일환으로 LMU는 일부 과정에서 이중 학위를 제공한다.

국제 박사 프로그램

구조화된 프로그램이든 개별 박사 학위이든 상관없이 LMU는 국제 졸업생에게 다양한 박사 과정을 제공한다.

③ LMU 공동 학위 프로그램

공동 학위 프로그램의 설계 학술 교류 및 학생 교류의 영역을 전 세계 400 파트너 대학과의 교수 중심의 협력 계약을 유지하고 있다. 긴밀한 국제 네트워크를 통해 협력과 교류 활동을 통해 선택된 전략적 연구 협력을 추진하여 기관 사이의 협력의 새로운 형태의 공동 학위 프로그램을 제공한다. 이러한 제도적 전략 LMUexcellent를 통한 지원과 국가 간 국제 수준에서 LMU 프로그램을 운영한다.

뮌헨공대[1]

- 독일 9개 기술대학 중 가장 우수
- 유럽서 가장 연구집약적 대학
- 전 학부 4차산업 관련 연구진행
- 전통적 학과에 AI·로봇 접목
- 재학생 20%가 외국인 유학생
- 세계 140개 파트너 대학 교류
- 모든 학생 1~2학기 파견 교육
- 유망 기술회사 창업기반 지원
- 2018년 경우 80개 기업 시장 진출
- 기술 이전·특허 출원에 적극적

1 박종문, [대학혁신의 길II-독일을 가다. 6] 뮌헨공대(TUM), 영남일보, 2019.06.25.

Only One TUM(뮌헨 공대)

- 1868년 설립된 TUM의 가장 큰 특징은 공학 및 자연과학, 생명과학 및 의학, 경제 및 교육 등 다양한 학부로 구성돼 있다는 점이다. TU-9에 속하는 대부분의 대학이 공학 중심 학과 편성인 데 비해 TUM은 종합대학에 버금가는 학과 체계를 구축하고 있다. 심지어 몇 년 전 한 대학을 인수하면서 정치학과까지 개설하고 있다. 이 조합은 독일 어떤 대학에도 존재하지 않는 TUM만의 특징이다. 현재 화학, 전기공학 및 정보기술, 컴퓨터과학, 기계공학, 수학, 의학, 물리학, 스포츠 및 건강과학 등 14개 학부가 있다. 또 첨단건축 및 자연건축에서부터 과학·기술·철학에 이르기까지 150개가 넘는 교육과정을 운영하고 있다.

- TUM은 이러한 장점을 적극 활용해 학제간 연구 및 교육 프로그램을 강화하고 있다. 하나의 예로 TUM은 '2011 국제 모터쇼'에서 전기자동차를 선보였는데 연구원과 학생들이 학제간 융합연구로 독자적으로 개발한 것이다. 독일 자동차기업이 개발하기 훨씬 전에 전기자동차를 제작한 것이다. 농업학 역시 위성을 활용한 데이터 분석, 전기공학과의 접목 등으로 새로운 영역을 개척하고 있다. 경영학의 경우 과목의 40%를 물리 등 자연과학과 공학을 이수하도록 하고 있다. 풍부한 자연과학 지식을 쌓도록 해 다른 일반대학 경영학과 졸업생과는 차별화한 능력을 갖도록 하고 있는 것이다.

- TUM은 에너지 및 기후, 이동성, 건강 및 영양, 커뮤니케이션 및 정보, 원자재와 같은 미래 분야 연구에 중점을 두고 있다. 또 신기술이 사회적으로 어떤 영향을 미칠 것인가에 대한 융합연구도 진행하고 있는데, 학제간 융합연구를 통해 기술발전을 선도하고 있다. 특히 TUM은 지속가능성에 연구를 집중하고 있다. 유한한 자연자원을 장기적인 관점에서 보전하면서도 활용하는 방법에 대한 연구를 중시한다.

- TUM은 학제간 융합연구와 함께 4차 산업혁명에 대응하기 위해 2년 전 디지털 의학과를 신설했다. 100년 역사의 의학과(科) 전통에 기계엔지니어링학을 접목하는 새로운 시도다. TUM은 또 전 학부(과)에 걸쳐 4차 산업혁명과 관련한 세부적인 연구를 진행하고 있다.

기업대학

- TUM은 학생·과학자·졸업생 등이 기업가정신을 발휘하도록 지원하고 있다. 이는 연구를 통해 발명한 기술이 사회 속에서 지속 가능한 이익을 창출하고 대학 연구원의 국제 경쟁력을 강화하기 위한 것이다. TUM은 1998년 개혁을 통해 점차 '기업대학'으로 발전했다. 유망한 기술 회사의 창업 기반을 지원하고 있는 것. 창업에 관심이 있는 사람에게 자문을 제공하고 시장 분석을 해준다. TUM은 대학 내 혁신 및 비즈니스 창조센터를 통해 기업가 교육을 강화하고 벤

처 캐피털 펀드를 통해 창업을 지원한다. 그 결과 TUM에서는 지난해 80개 스타트업 기업이 시장 진출에 성공했다. 회사는 주로 생산기술, 분석과학기술, 센서 분야 등이며 약 1000명의 고용창출 효과를 냈다.

- TUM은 기술이전에도 적극적이다. 다양한 기술 분야의 연구자·연구원·학생 발명품을 적극 마케팅한다. 동시에 TUM에서는 실용연구를 통해 전 세계 기업을 대상으로 고도로 복잡한 기술적 문제를 해결하는 데 도움을 주고 있다. 또 매년 산업계와 6000건 이상의 협력 계약을 체결하고 있다. TUM은 독일 대학 가운데 특허 출원과 기술이전이 가장 활발한 대학에 속한다. 궁극적으로는 전 유럽을 선도하는 기술창업의 선두주자를 지향하고 있다. TUM은 과학기술의 활용(기술창업)이 지식과 혁신을 위한 세계적 경쟁으로 보고 이를 성공적으로 수행하기 위해 '기업대학체제'를 구축한 것이다. 강한 기업가정신은 이제 TUM을 상징하는 대학 문화의 일부가 됐다.

미래전략(비전)

- 전통적인 학과에 AI 및 로봇을 접목한 새 영역 구축이 주된 방향이다.

- 인공적 방식이 아닌 자연대체 연구, 친환경 공법 등에 연구력을 모으고 있다.

마이스터 관련 독일 아우스빌둥(Ausbildung) 프로그램

- 독일식 이원 직업교육훈련 제도

- 아우스빌둥은 현장훈련과 이론교육을 나누어 동시에 시행하는 3년 간의 교육이다. 아우스빌둥은 독일에서 수십 년 전부터 성공적인 교육 모델로 평가받고 있으며, 청년실업률을 줄일 수 있는 최선의 방법으로 인정받고 있다.

독일 하이델베르크 대학

혁신[2]

- 독일을 대표하는 세계적인 연구중심대학이다.

- 현대사회 문제 해결과 미래기술 발전을 위해 전방위적으로 학제간(學際間) 연구를 촉진하고 있다. 대학 내 서로 다른 학부와 학과 간 공동연구를 권장하고 있을 뿐 아니라 독일 내 다른 대학·연구소나 유럽·영미권·일본 대학과의 다자간 협력으로 학제간 융합연구 프로그램을 진행하고 있다.

---

2 박종문, [대학혁신의 길II－독일을 가다. 2] 하이델베르크 대학, 영남일보, 2019.05.28.

하이델베르크 스타일

- 사회문제 해결·미래기술 발전추구
- 학부·학과 간 공동연구 등 권장
- 유럽·영미권 대학과 다자간 협력
- 교수 채용 기준도 '융합연구'에 치중
- '노이엔하이머 펠트' 캠퍼스
- 독일 자연과학계열 중 최대 규모
- 연구소·의학·과학 도서관 집중
- HBP 뉴로-로봇 플랫폼 연구
- 유럽연합 지원 받은 프로젝트
- 국제 융합연구 중 가장 주목
- 사람 뇌같은 '로봇 뇌'개발중

(하이델베르크 대학 홈페이지, 2021; 박종문, 2019)

- 하이델베르크 대학은 학교 설립 이후 지금까지 학제간 융합연구와 인터내셔널(국제 협력)하게 움직이고 있다. 1386년 학교설립 후 2년 만에 4개 학부(신학·법학·의학·철학)가 구성됐다. 당시 대학들이 신학이나 법학 등 단일 학부로 출발한 것이 일반적이었던 데 비해 하이델베르크 대학은 종합대학으로 융합연구의 밑그림이 그려진 것이다. 1890년에는 자연과학부가 다섯 번째 학과로 추가됐다. 이런 역사적 배경으로 인해 하이델베르크 대학은 학제간 융합연구가 학교의 문화이자 전통으로 자리잡았다. 교수 신규 채용 때는 학업

과정에서 융합연구 실적이 있는지 살펴보고, 교수 임용 후 융합연구가 가능한지가 중요한 채용 판단 기준이 된다.

- 학교에서는 의도적으로 융합연구 분위기를 조성하는 데 많은 노력을 하고 있다. 노이엔하이머 펠트(Neuenheimer Feld) 캠퍼스는 하이델베르크 대학의 가장 큰 캠퍼스이자 독일 자연과학 계열 중 최대 규모를 자랑한다. 이 캠퍼스에는 자연과학·공학 계열의 학부·연구소를 비롯해 의학부, 대학병원, 과학분야 도서관 등이 몰려 있다. 학교에서는 융합연구를 장려하기 위해 이 캠퍼스 밑으로 모든 건물이 연결되도록 지하도를 만들었다. 학과, 여러 연구소 간에 각종 자료를 서로 쉽게 전달할 수 있도록 한 것이다. 총길이가 무려 14km에 이르는 하이델베르크의 명물이기도 하다. 하이델베르크 대학은 전통적인 학문의 경쟁력을 유지하면서도 새로운 학문은 기존 학문과의 융합을 통해 발전시키는 전략을 펴 독일과 유럽을 대표하는 대학으로 성장할 수 있었다(박종문, 2019).

다양한 융합연구

- 하이델베르크 대학은 학부과정에서 다양한 융합전공을 배울 수 있다. 또 학사 단계에서부터 연구프로젝트에 참여하도록 하는 등 학제간 학습과 융합연구를 하는 데 최적의 조건을 갖추고 있다.

- 특히 '생명에 관한 연구'와 '삶과 관련된 연구'에 많은 비중을 두고, 이들 주제에 대해 전통적인 카테고리를 넘어서는 '융합연구'에 초점을 맞추고 있다. 과학문명 발달로 국가 간, 민족 간 이동 및 교류가 활발하고 기술발전이 급속히 진행되는 환경에서 학문 경계가 뚜렷한 전통적인 연구로는 이들 문제에 대한 해답을 찾을 수 없다고 보는 것이다.

- 하이델베르크 대학은 각각 경쟁력 있는 전통 학부 간 상호 융합연구를 통해 새로운 연구, 미래지향적 연구, 문제해결 지향적 연구 시스템을 구축한 것이다.

- 하이델베르크 대학은 △구조:물리적 세계, 수학 및 복합 데이터의 응급 현상에 대한 통합 접근법(STRUCTURES:A unifying approach to emergent phenomena in the physical world, mathematics, and complex data) △3D 물질(3D Matter Made to Order-카를스루에대학과 컨소시엄) 등이 탁월한 대학(연구)집단(Exzellenzcluster)에 선정됐다. 두 주제 모두 융합연구다.

글로벌 융합연구 시스템

- 하이델베르크 대학의 2018·2019학년도 유학생은 5402명으로 전체 학생의 18.5%에 이른다. 2017·2018학년도 박사과정 학생 1032명 가운데 3분의 1(284명)이 외국인일 정도로 글로벌을 지향하고 있다. 또한 하이델베르크 대학은

630개 유럽대학과 에라스무스 협정, 180개 비유럽 대학과 교류 협력 프로그램, 전 세계 25개 대학 및 교수·연구소와 연구 파트너십을 구축하고 있다.

- 대표적인 국제 네트워크로는 코임브라그룹 유럽대학연합(EUA), 유럽연구대학(LERU), 독일-일본대학 컨소시엄(HeKKSaGOn)이 있다. 이외에도 하이델베르크대 라틴아메리칸센터(HCLA)(산티아고 데 칠레), 하이델베르크대 오피스 북미(뉴욕), 하이델베르크센터 남아시아(뉴델리), 하이델베르크대 교토 사무소 등을 개설하고 있다.

- 현재 진행 중인 국제융합연구 가운데 가장 돋보이는 것은 휴먼브레인프로젝트(Human Brain Project, HBP)의 '뉴로-로봇 플랫폼 연구(Neuro-robotics Platform)'다. HBP는 유럽연합(EU)이 자금을 지원한 2개의 대규모 과학 프로젝트 중 하나로 총예산이 10억 유로다.

- 하이델베르크 대학은 이 프로젝트에서 컴퓨터가 능동적으로 학습해 현명한 결정을 내릴 수 있는 사람의 뇌와 같은 '로봇 뇌(뉴로 컴퓨터)' 개발을 맡고 있다. 하이델베르크 대학은 전 세계에서 '뉴로 컴퓨터'의 첫 프로토타입(기본 모델)을 개발했다. 이 '로봇 뇌'는 기존 이진법(0과 1)이 아닌 아날로그방식으로 설계됐다. 스위스 로잔대학을 비롯해 유럽 여러

대학 및 연구소와 함께 융합 프로젝트를 수행하고 있다(영남일보, 2019).

미래전략(비전)

- 최첨단 영역인 뉴로-로봇 플랫폼과 인간 뇌프로젝트를 중요연구 영역으로 선정하고 향후 집중적 혁신 전략으로 설정하였다.

- 유럽은 물론 미국, 일본 등과 함께 글로벌 융합연구 시스템을 강화한다.

- 복합 영역의 빅데이터 활용 기법을 강화한다.

독일 괴팅겐 대학

혁신[3]

- 이 지역 사람들은 "괴팅겐 도시에 괴팅겐 대학이 있는 게 아니라 이 학교에 도시가 속해 있다"고 말한다. 괴팅겐대학은 그만큼 소도시 괴팅겐 지역의 기업소재지 선정에 중요한 역할을 담당하고 있으며 지역내 대기업뿐만 아니라 소기업과도 여러 방면으로 긴밀한 협력관계를 유지하고 있다.

- 현재는 지역내 초정밀 기계, 광학, 레이저산업의 주요부분

---

3 [세계 초일류대학 현장] 독일 괴팅겐 대학, 한국대학신문, 2003.10.14.

을 막스플랑크연구소와 공동으로 개발중이다. 이는 대학 설립 시부터 게오르그 아우구스트의 모토였던 "시장으로 돌아가라(go to markt)"의 산물이라 할 수 있다.

- 괴팅겐 대학은 독일 내에서 규모가 가장 큰 370만 권의 관련서적을 보유한 도서관으로도 유명하다. 교수와 연구자들뿐 아니라 수많은 지역주민들과 기업 관계자들이 이 도서관을 이용해 학업 연구와 기업 발전을 위한 각종 연구에 필요한 자료들을 열람한다.

- 괴팅겐 대학은 학생들로부터 수업료를 받지 않는 독일대학의 직면한 문제는 재정문제를 독자적인 방법으로 해결하고 있는 것으로도 유명하다. 시 당국으로부터 할당된 예산과 학교부설 병원수입, 졸업생 등으로 구성된 독일연구공동체(DFG)로부터 9개 연구의 후원을 받고 있으며 지난 1980년부터 정기적으로 하노버박람회, CeBIT 등의 전시회 등에 참가하여 연구주제에 맞는 기업들의 후원을 받고 있다.[4]

- 동시에 괴팅겐 지역내 기업과 공동으로 최근 조성한 '이노베이션 캐피탈 괴팅겐 회사(Innovation Captial Göettingen

---

4 한양대 고등교육연구소, 미국/일본/EU의 혁신 특징 10가지, 2021.09.

Mbh)”를 설립하여 수입을 얻고 있다.

- 최근에는 회사 수익 중 7만 5000유로의 연구비를 현재 가장 활발한 연구성과를 보이는 생물공학에 투자하고 있다. 이같은 괴팅겐 대학의 성과들은 만성적인 재정적자에 시달리고 있는 독일 대학들의 모범 사례로 벤치마킹되고 있다.

- 괴팅겐 대학은 학생선발 기준은 여느 대학과 마찬가지로 대학수학능력시험이지만 처음부터 우수한 성적을 가진 학생을 뽑는 것이 아니라 다른 대학과 마찬가지인 일반적인 학생들이 입학해 학업을 시작하게 된다. 이것은 처음부터 능력 있는 학생들을 선별하여 합격시키는 미국의 하버드 등과는 구분되는 점이다. 학생들은 입학한 뒤, 적성 및 소질이 없다고 판단되면 스스로 전교나 전과를 선택하게 된다.

- 이 학교에서 수업을 계속하려면 대학성적이 좋아야 할 뿐 아니라 교수의 관심을 끌만한 적정한 연구주제를 선정해야만 한다. 엄격한 수업운영과 학사관리 등을 통해 학생 스스로 공부할 수 있도록 만들고, 이 기준에 미달되는 학생들은 스스로 이 학교를 떠나게 만드는 것이다.

- 연구과정이나 주제를 직접 선정하고, 박사과정을 하면서 학교산하 연구기관이나 기업에서 하게 되며 적정한 연구비를

지급 받는 방식으로 대부분의 학생이 박사과정을 마치게 된다.

- 학생들에게 'DAAD', 'Erasmus', 'DFHK' 등의 지원을 받아 별도의 재정적인 부담 없이 교환학생프로그램을 지원하고 있다. 이 기간 동안 많은 수의 학생이 양쪽 학교에서 약간의 추가학점으로 이중학위를 받기도 한다. 아울러 전 세계 많은 대학과 공동망을 가지고 자유로운 기술교류와 공동프로젝트를 진행중이다.

- 괴팅겐 대학이 세계적인 대학으로 발돋움할 수 있었던 성공비결은 지역내외 기업과 긴밀한 관계를 통하여 대학운영에 필요한 재정원을 보충하고 연구에 생동력을 더할 수 있었기 때문이다. 또 학생 및 교수진에 다양한 기회를 제공하여 학습의 질을 향상시키고 동기부여를 하는 것도 중요한 역할을 한 것도 괴팅겐 대학이 세계 초일류 대학으로 평가받고 있는 이유 중 하나로 꼽을 수 있다(한양대 고등교육연구소, 2018, 2020).

미래전략(비전)

- 지역 내 기업과의 협력 기업을 통해 재정확보책을 강구한다.
- 전통적 명문 기반 위에 외부 연구소와 광학, 레이저, 초정밀 기계 등 산학협력 혁신 전략을 추구한다.

Chapter 6

호주

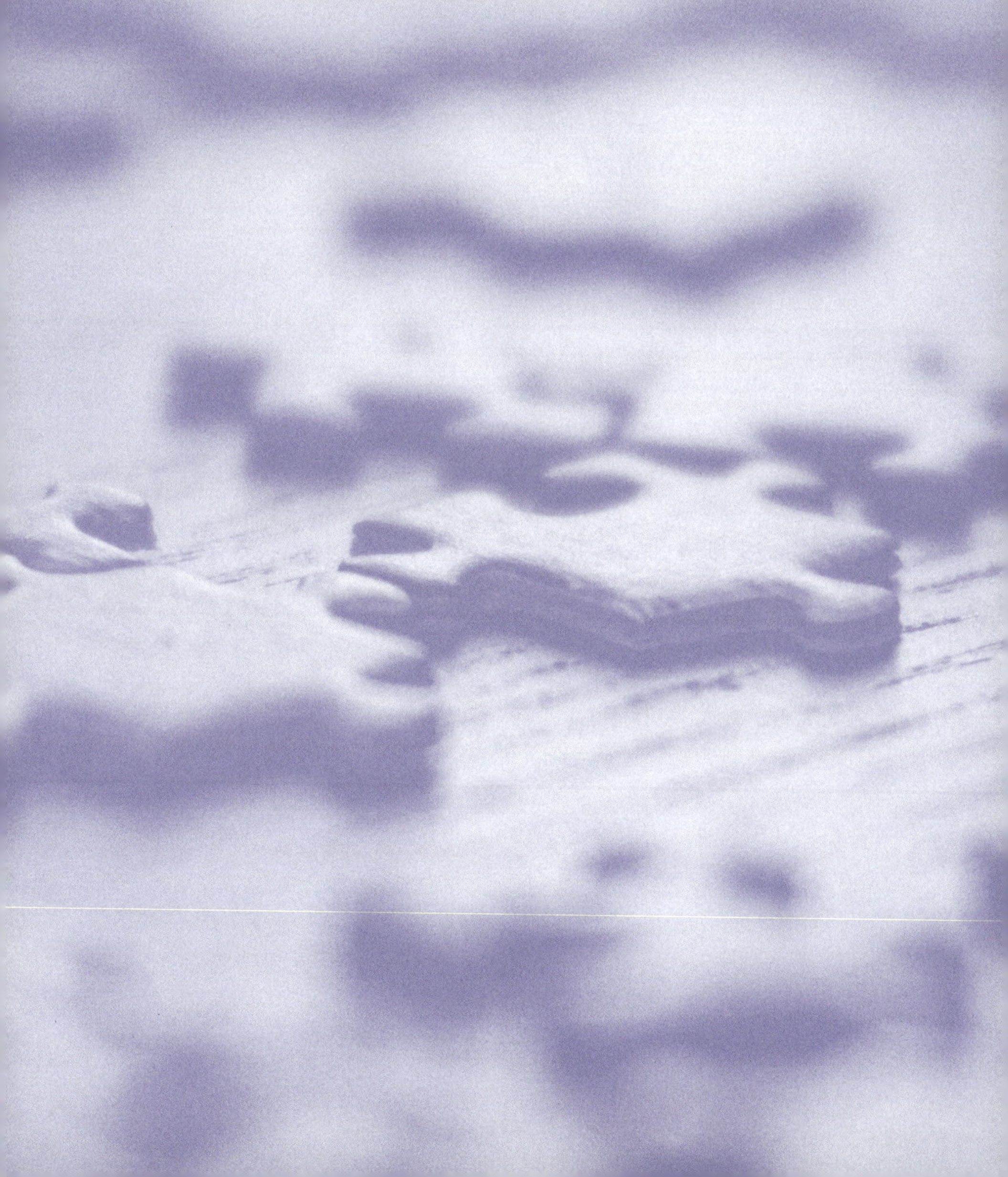

호주 멕콰이어 대학

- 산학 협력 시스템이 잘 구성되어 있다. 멕콰이어 대학교 주변은 High Tech 경제 자유구역으로 지정되어 300개가 넘는 기업들이 있고, 학생들에게 다양한 인턴쉽, 현장 실습 등의 기회가 주어지게 된다.[1]

- 멕콰이어 대학교는 시드니에 있는 대학으로 상경계열 특화 커리큘럼을 보유한 호주 최고의 경영대학이다. 2017년 영국 파이낸셜타임즈 세계 경영대학 순위발표에서 49위에 랭크되었다(뉴시스, 2019).

1 뉴스시스, 우송대 솔브릿지, 호주 멕콰이어대 경영대와 '2+2 복수학위', 2019.08.30.

- 1964년 설립 당시부터 타 대학들보다 먼저 산학협력을 추진, 대학 주변에 수백 개의 기업들이 입주해 있다. 학생들은 인근 기업들에서 다양한 인턴십을 하고 공동연구 및 산학협력 프로젝트를 수행할 수 있다.

- 호주에서 가장 많은 장학금을 제공하는 곳 중 하나로 매년 6만 달러 이상을 제공한다.

혁신

프로그램

① GLP opportunities

The GLP is always open to collaborations where we can share and advertise opportunities for students. Our students are self-selecting and passionate to become involved with volunteering and internship roles, community and industry events, seminars, conferences and more as part of the experiential component of this co-curricular and co-designed program.

By connecting with the GLP, you will benefit from the immediate opportunities GLP provides to:

- advertise your opportunities to an active audience of

more than 3000 students

- connect with intelligent, driven, future leaders who are actively pursuing experiential learning
- enthuse students and their peers about your organisation's work, values and goals
- give you an opportunity to speak to, or workshop, your relevant area of expertise
- inspire students and their peers about their future career paths.

② Student experience

We have more than 3000 students from across all degrees and disciplines—from undergraduate to PhD level—completing our rigorous co-curricular program. They design their own portfolio of practical, cross-cultural or internationally focused experiences to align with their study area, profession or passion.

GLP students are looking for a diverse range of opportunities to develop their leadership and innovation capacities and international understanding including:

- domestic and international volunteer programs
- fundraising and advocacy roles

- internships
- language courses
- symposia, conferences, events and courses.

③ DIPLOMA, FOUNDATION AND INTENSIVE PROGRAMS

Our Diploma, Standard Foundation and Intensive programs will help prepare you for success as you progress towards your bachelor degree at Macquarie University, whether you are an Australian or international student.

Macquarie University Diploma, Foundation and Intensive programs build your skills and knowledge so you are ready to enter first or second year of an undergraduate degree. You can study English, complete your Diploma, Standard Foundation or Intensive program, and then continue straight into a bachelor degree - all on the same familiar campus. We know you are an individual with your own way of learning, so we teach in small classes with extra support. We aim to get to know you, and then help you find your personal road to success in the fastest way possible.

미래전략(비전)

- 지역 내 산업체와 연계프로그램을 강화한다.
- 상경계열과 특화 프로그램을 통한 인턴십 프로그램을 활성화한다.

New South Wales 대학교

혁신

프로그램

① Digital Uplift

Digital Uplift is a pioneering program of work that constitutes a major component of the ILI. The project focuses on the design, development, delivery and evaluation of online (or blended) areas of study by utilising advanced education technology.

Through working with current and former UNSW students to harness their knowledge of the university's culture, curriculum and people, we're able to create elevated learning experiences for our students.

② Extended Reality Experiences

As part of Digital Uplift, the UNSW study experience is taken to another level with embedding Virtual and Augmented Reality experiences across courses in a range of disciplines.

From helping students enter locations normally inaccessible to the public; like solar panel farms or labs, to allowing them to 'experience' certain medical conditions, Extended Reality brings students up close with their subject matter. A 'real-life' dimension is provided which would be unachievable within a traditional classroom setting.

③ The Multimedia Centre - Where the magic happens

Built in 2017, the Multimedia Centre(M2C) comprises of two state-of-the-art multi-media rooms for university-wide use.

UNSW staff and students can access training, multi-media services and facility bookings for the M2C. Services include filming, screencast, lightboard recordings, video editing, graphic design, and other interactive media such as animations and VideoScribe.

④ Real Work. Real Experience. Real Learning

Work Integrated Learning(WIL) at UNSW refers to work learning experiences undertaken by students as part of their program of study. WIL enables students to work directly in or with an industry or community organisation to gain real-world experience in preparation for a future career.

WIL enables students to engage in authentic, purposeful, partnered, supervised and assessed work learning experiences that integrate academic learning with its application in the workplace

WIL provides the means to 'do in context' rather than developing practical skills alone; it enables students to develop work readiness skills to industry standards and enhances employability. This realises the UNSW 2025 Strategy to enable students to '... obtain a holistic education, securing the real-world practical skills needed for a rapidly evolving workplace'.

미래전략(비전)

- 현장중심 경험학습체계를 강화한다. 직업통합학습 방법을 강화한다.

- On-Line 교육 방법 특화 프로그램을 혁신적 전략으로 설정하고 추진한다.

시드니 대학교

혁신

프로그램

① Sydney Knowledge Hub

A home on campus for companies working with the University

The Sydney Knowledge Hub is a coworking space for innovative startups, non-profits, and corporates seeking to collaborate with the researchers, students, and facilities at the University of Sydney.

Sydney Knowledge Hub facilitates collaboration between academia and industry.

Members of the Sydney Knowledge Hub have access to a modern coworking space in the heart of campus and to a rich array of community programming and events in one of our many event spaces. The Sydney Knowledge Hub also helps members connect with the researchers, grant consultants, labs and makerspaces, and other resources at the University of Sydney.

미래전략(비전)

- 시드니 대학 '지식협' 망을 통한 혁신적 스타트업 프로그램 특화를 추진한다.

호주 멜버른 대학교

- 시드니대 다음으로 호주에서 가장 오래된 대학.[2]

- 멜버른대는 어느 대학보다 많은 장학금으로 외국 학생을 유치했다. 호주에서 가장 큰 규모인 '멜버른 장학금 프로그램'을 비롯해 400종류 이상의 장학금과 여행보조금을 제공한다(정양환, 2005).

- 한국을 비롯해 세계 25개국 100개 대학과 협정을 해 교수 및 학생 교환, 학문 협력 및 공동연구에 주력하며 호주에서

---

2 정양환, [호주 '100년 명문大'를 가다] 멜버른, UNSW, 퀸즐랜드, 동아일보, 2005.07.06.

가장 규모가 큰 '호손(Hawthorn) 영어연수센터'를 운영해 외국 학생의 영어학습을 돕고 있다.

혁신

- 호주 최초의 MBA 프로그램의 본거지인 멜버른의 MBA과정 : 멜버른의 MBA는 1년 full time 과정이며, 집중적인 과정으로 최대의 효과를 달성하기 위해 설계되었다. 전통적인 MBA보다 더 많은 것을 제공하도록 빠르게 진행되고 통합적인 관점을 적용시킨다. 비즈니스 지식을 완벽하게 개발하면서 실제세계의 복잡성을 해결할 수 있는 역량을 발전시킨다.

- 또한 호주의 가장 오래된 비즈니스 스쿨네트워크는 90개국 이상의 리더들과의 긴밀한 유대 관계를 자랑하고 있다. 이를 통해 학생들은 전 세계 멜버른으로 이어진 네트워크를 가질 수 있다.

미래전략(비전)

- 비즈니스 특화를 통한 세계적 비즈니스 스쿨 네트워크를 추진한다.
- 영어 연수센터 확대와 협력을 확대한다.

Chapter 7

영국

케임브리지 대학교

설립이념

- 옥스퍼드 대학의 자체 분규로 학교를 나온 교수들에 의해 설립되었다.
- 겸손, 미덕, 명예를 교육 이념으로 삼아 800년 동안 세계 최고 인재의 산실로 인정받는다.
- Hinc lucem et pocula sacra(여기서 우리는 깨달음과 귀중한 지식을 얻는다).
- 보편적 지식에 의한 고도의 교양적 지식인을 육성하는 것이다.

혁신사례[1]

- 케임브리지 도심에서 반경 20마일(약 32km) 이내 과학산업단지는 실리콘밸리와 비교해 '실리콘 펜(Silicon Fen)' 또는 '케임브리지 클러스터'로 불린다.

- 실리콘 펜은 소프트웨어, 전자, 바이오 연구에 집중했다. 케임브리지대와 전략적으로 협업하며 연평균 7% 이상 성장했고 357억 파운드(약 50조 원, 2016년 기준)가 넘는 사업 규모로 컸다. 고용 인력만 21만여 명에 이른다.

- 케임브리지대에서 분사한 회사만 1500여 개다. 이들은 연매출 130억 파운드(약 20조 원), 고용창출 6만여 명의 효과를 내고 있다. 1조 원대 매출 기업만 14개이고, 10조 원 넘는 회사도 2개가 나왔다. 일본 소프트뱅크가 수십조 원에 인수한 ARM이 대표적이다. 인공지능(AI) 기술 발전으로 삼성도 2018년 이곳에 AI연구소를 열었고, 마이크로소프트 등 다양한 글로벌 기업이 자리잡고 있다.

---

1 김종민, 창의와 혁신의 장소–옥스브리지 이야기 II, 한국경제, 2020.01.27.

- 케임브리지의 뛰어난 과학자들과 대학의 지원 시스템이 핵심 동력이었다. 특히 물리학과인 캐번디시 랩(Cavendish Lab)은 38명의 노벨상 수상자를 배출했는데, 이 랩의 창의적인 토양과 학자들의 노력이 ARM 등 수많은 혁신 기술 창조로 이어졌다.

미래전략(비전)

- 교육 플랫폼 혁신, 교육 과정 전반에 걸친 혁신 비전 제시[2]
  - (학제) 기존 4년 학사와 2년 석사 과정을 통합한 6년 학제를 제안하며, 학생들이 6년간 자유롭게 캠퍼스와 직장을 오고가며 교육 기회를 누리는 '개방형 순환 대학'(Open Loop University) 시스템을 운영한다.
  - 졸업생과 재학생의 경계 없이 직장경험과 학술 연구가 유기적으로 교류될 수 있고 직장 경험 후 필요 시 재학습 기회의 혜택이 있다.
  - (평가) 전공별 학점 이수를 평가하는 기존 방식을 지양하고 학생 개개인이 습득한 기술(skill) 및 능력(competency)의 조합을 평가하는 제도를 도입한다.

---

2 이정민, 4차 산업혁명을 대비하는 미국 대학과 기업의 교육 혁신, 해외시장뉴스, 2019.08.27.

- 학생 개개인이 설정한 '미션'(Mission)이 '전공'(Major)의 개념을 대체하는 교차전공(interdisciplinary)과 디지털-인문학 결합(intersection)을 지향한다.

옥스퍼드 대학

설립이념

- 파리 대학에서 외국 학생을 추방한 사건과 영국 국왕이 자국 학생들의 파리 유학 거절 사건을 계기로 설립

- '교육하는 대학'(teaching university)

혁신사례

- 2천여 첨단기업들이 모여 창업 지원 : 옥스퍼드대 경영자양성코스, 새드 비즈니스스쿨(Saïd Business School)에서 운영중인 이 센터에서는 동문들의 창업을 위해 옥스퍼드 특유의 다양한 프로그램을 지원하고 있다.

- 세계 지역사회를 위한 창업교육 : 벤처창업가가 된 동문들은 기업가정신·혁신센터에서 또 다른 후배들을 양성하고 있는 창업 전문가들이다. 이들의 경험과 센터에서 이루어지고 있는 연구결과가 어우러져 새로운 창업을 만들어내고 있다. 옥스퍼드가 만들어낸 새로운 창업 시스템이라고 할 수 있다. 옥스퍼드 창업 교육이 더 큰 활력소가 되고 있는 것은 세계 각국으로부터의 폭넓은 지원이다.[3]

- 창업의 메카, 기업가형 대학으로 변신[4]
  - 조밀한 창업지원 체계를 구축했다. 아이시스(Isis)라는 이름의, 창업 및 연구를 총괄 관리하는 컨트롤타워를 세웠다. 전문 인력이 포진해 '원스톱 창업 지원'을 제공했다. 동

---

3 이강봉, 학교 선배들이 창업 멘토… 옥스퍼드대, 더 사이언스타임즈, 2013.07.23.

4 윤계섭, 영국 옥스퍼드도 '기업가형 대학'으로 변신했다, 한국경제, 2016.03.23.

시에 다양한 창업 자금 조달처를 마련했다. 대학 예산으로 기업 창업을 위해 시드펀드(seed fund)를 제공했다. 동문에게는 창업 지원 자금 기부를 독려했다. 엔젤 투자자 네트워크를 꾸리고 대학 구성원들이 세운 유망 신생기업을 대상으로 한 투자펀드를 출시했다.

- 창업을 우호적으로 여기는 문화를 확산시켰다. 경영대학원을 중심으로 다양한 관련 수업을 개설하고 국제 행사를 유치했다. 인도 타타사가 지원하는 창업경진대회는 4년째 계속하고 있다. 매년 개최하는 옥스퍼드 인스파이어스(Oxford Inspires)라는 스타트업 국제회의는 세계의 이목을 집중시킨다. 아울러 창업 학생 모임을 적극적으로 육성했다. 그 결과 2002년 설립된 옥스퍼드 창업 동아리는 회원수가 1만 명에 육박해 유럽에서 가장 큰 학생 창업 조직으로 성장했다.

미래전략(비전)

- 동문창업 지원전략과 벤처창업가와 기업가정신 교육과 기업가 육성을 강화한다.

- 세계지역사회 연계 창업가 정신육성 허브를 구축하여 강화한다.

영국 워릭대학교

- 세계적인 수익형 대학의 모델

혁신[5]

- 현재 예산 2억 8400만 파운드 중 정부지원금은 27%, 국내 학생의 학비에 의한 수입이 10%를 차지하고 나머지 63%는 사업을 통해 벌어들인 수입. 국립대학이지만 이제는 정부예산을 그대로 소진하는 '국립대학'이 아님. 워릭대학교는 개

---

5 김진경, [작지만 강한 대학]〈25〉 영국 워릭대, 동아일보, 2006.06.26.
한양대 고등교육연구소, 미국/일본/EU의 혁신 특징 10가지, 2021.09(미출간 혁신대학 자료)

혁 초기에 "대학이 사업하는 곳이냐"는 비난에 시달리기도 함(김진경, 2006, 이현청, 2018).

- 실제로 이 대학의 운영방식을 보면 일부 학생들이 자신들의 대학을 왜 '워릭 주식회사'라고 부르는지 알 수 있음. 기숙사 건물은 방학이면 방문객에게 개방. 방학 내내 각종 학회를 유치하고 사용료를 받음.

- 다른 유명대학들이 많은 전공과목을 운영하기 위해 학과를 만드는 데 비해 워릭대학교는 선별적으로 학과를 신설. 투자에 비해 성과가 괜찮을 것인가를 우선 따짐.

- 이 대학은 초기 비용이 많이 드는 의학, 치의학, 수의학 대신 경영학, 과학, 엔지니어링에 투자. 또 수학 경영조사학 통계학 경제학이 융합된 'MORSE'란 학과를 신설.

- 워릭 매뉴팩처링 그룹은 전형적인 산학협력 프로그램 : 국내외 기업 40여 개와 파트너십을 맺어 연구와 교육을 함께 함. 교수 연구원 석사과정 학생들은 한 팀이 돼 기업이 제공한 기계나 자재를 이용해 공부. 전 세계 500여 개 회사에서 실전경험을 쌓기도 함.

- 비즈니스스쿨 역시 트레이닝센터에서 직장인을 훈련. 또 철

도관리회사인 내셔널 레일의 매니저들과 각 축구구단의 매니저를 위한 트레이닝센터도 운영.

- 극장을 운영하는 그룹인 로열셰익스피어컴퍼니와 파트너십을 맺고 연극배우들을 훈련. 영문학 교수들과 학생들은 희곡을 써 제공. 극장 공연장 콘서트홀이 들어선 워릭아트센터는 영국에서 두 번째로 큰 복합문화공간. 매년 1100개의 공연이 열려 25만 명의 관객이 찾음.

- 워릭대학교는 의학전문대학원(메디컬스쿨)도 과감하게 '아웃소싱'. 대학 측은 2000년 메디컬스쿨을 가지고 있던 레스터대와 파트너십을 맺음. 이에 따라 워릭대학교 학생들은 레스터대 메디컬스쿨과 병원에서 실험 실습. 대부분 메디컬스쿨은 5년 과정이지만 워릭대학교는 학부졸업자만 받기 때문에 4년 과정.

프로그램

① The Warwick International Foundation Programme
The Warwick IFP is one of the longest-running foundation programmes in the UK, and is designed for international students who require an additional year of study before they can join a UK undergraduate degree. This is typically students who have not had the oppor-

tunity to study to a level that is equivalent to A-Levels or IB Diploma.

Students who join the IFP are fully-enrolled University of Warwick students, with access to all of the University facilities, including the option for on-campus accommodation.

There are 10 different IFP courses available, allowing students to further develop their academic knowledge and skills, and prepare them for the style of teaching and learning that can be expected during a UK degree.

The courses available include:

- Arts and Humanities
- Biological Sciences and Psychology
- Business Management
- Computer Science
- Economics
- Engineering
- Finance
- Law and Politics
- Mathematics and Statistics
- Social Sciences

Each course also includes an English for Academic

Purposes module, designed to benefit all students (including those with English as a first language) and tailored to each academic discipline area.

IFP 동안 학생들은 학부과정을 지원할 때 Warwick 대학이든 영국 내의 타 대학이든 지도와 가이드를 받게 되고 Warwick 대학에 적절한 학부 과정을 선택하면 조건부 입학을 보장하게 된다.

미래전략(비전)

- 지속적으로 세계 대표적인 '수익형 대학'의 혁신 전략을 추구한다.

Chapter 8

프랑스

파리 대학

설립이념

- 대학 평준화

혁신

혁신사례

- 프랑스는 오래전 파리대를 해산하고 전국 지방대를 흡수·통합해 1대학, 2대학 등 명칭을 부여하고 있다. 현재 7개 대학연합그룹이 있다. 가령 파리 4대학, 6대학, INSEAD, 국립과학연구소, 국립자연사박물관 등 10개 기관이 모여 '소

르본 대학연합'이 됐고, 파리 8대학, 10대학은 연합해 파리 뤼미에르 대학을 만들었으며, 파리 12대학과 마른 라 발레 대학은 파리-에스트 대학으로 합종연횡을 이룬다. 이들 대학연합은 원래 대학은 그대로 두고 그 위에 우산을 씌운 연합체로 지방정부가 연합한 연방정부 같은 모양새다. 복지시설, 도서관 등을 공동 이용하고 박사과정, 연구과제도 공동 운영하지만 공동학위제 기반의 완전통합체 수준은 아니다. 연합체의 당초 목적은 세계대학평가에서 상위 서열에 오르는 것과 정부지원을 받기 위한 것이었으며 파리지역 대학연합에 지방대까지 참여하지는 않는다.[1]

- 마크롱 대통령 취임 이후 프랑스 대학의 경쟁력에 대한 반성이 나오면서 대학을 통합해 명문대학으로 키우는 작업이 진행 중이다. 파리 5대학(데카르트), 파리 7대학(디드로), 파리 물리연구소는 파리 대학으로, 파리 4대학과 파리 6대학은 소르본대학으로 통합됐다. 그르노블 1,2,3대학, 그르노블국립건축학교, 그르노블폴리테크닉, 그르노블정치학교는 그르노블-알프스대학으로 통합됐다. 이런 일련의 통합작업은 결국 68혁명의 소산인 대학평준화가 실패했다는 것에 대한 개혁조치라고 볼 수 있다.[2]

---

1 최연구, [시론] 파리대와 한국대, 한국대학신문, 2017.08.13.

2 배진영, 김두관이 주장한 '대학 평준화'의 모범 프랑스를 보니…, 월간조선 뉴스룸,

미래전략(비전)

- 7개 대학 연합 그룹 내의 대학 특성화를 강화한다.

2020.07.21.

파리 정치 대학
(Institut d'Études Politiques de Paris)
(그랑제꼴 정치/행정계열)

혁신

프로그램

- 1년 안에 석사

  1년 석사 과정은 경력을 가속화하는 데 필요한 전문성을 빠르게 개발하고자 하는 젊은 전문가와 젊은 졸업생을 위해 고안된 집중 교육 과정이다. 이 프로그램은 Sciences Po의 파리 캠퍼스에서 전적으로 영어로 진행된다.

	파리 캠퍼스의 RESEARCH SCHOOL	
박사 학위 3번째의 주기	5개의 프로그램 / 법, 경제, 역사, 정치 과학, 사회학	박사 학위 3번째의 주기
	학교 파리 캠퍼스	
MASTER 2차 주기	• 국제 교류 대학(PSIA) • 공무원 • 법률 학교 • 저널리즘 학교 • 경영 및 혁신 학교 • 도시 학교 • 연구 학교	MASTER 2차 주기
	7개 캠퍼스 중 하나에 있는 대학 칼리지	
BACHELOR 1차 주기	국제 유학 체류 캠퍼스의 디종 / 캠퍼스의 아브 / 캠퍼스의 턱 / 캠퍼스의 NANCY / 캠퍼스의 파리 / 캠퍼스의 푸아티에 / 캠퍼스의 REIMS	BACHELOR 1차 주기

- 대회 준비

  Sciences Po는 프랑스 또는 유럽 공무원, 사법부, 변호사, 경찰 국장 또는 역사 부교수가 되기를 원하는 학생들에게 준비를 제공한다.

- 임원 교육

  45년 이상 동안 Sciences Po Executive Education은 Sciences Po의 교육 프로젝트와 학문적 우수성을 전문가의

현실에 더 가깝게 가져 왔다. 이 프로그램은 임원, 관리자 및 그들이 일하는 조직에 미래의 행동의 열쇠가 될 것을 이해하는 열쇠를 제공하는 것을 목표로 한다.

- 여름 학교

  모든 사람에게 개방된 Summer School은 학생들이 Sciences Po에서 사회 과학 및 프랑스어 과정을 수강하고 여름 동안 파리를 발견할 수 있도록 한다.

- MOOCS

  Sciences Po는 FUN(France Université Numérique) 및 Coursera 플랫폼에서 가능한 한 많은 사람들이 이용할 수 있는 온라인 과정을 제공한다.

미래전략(비전)

- 1년 석사과정 집중교육을 강화한다.

- 개방 여름 Summer Course를 강화한다.

파리 경영 대학 (ESSEC Business School) (그랑제꼴 정치/상경계열)

● 프랑스 파리 근교와 싱가포르에 설치된 파리 경영 대학은 혁신 대학으로 자리매김해가고 있다.

혁신

프로그램

① 맞춤형 프로그램

최고 경영자 프로그램은 최첨단 연구 기술, 프로젝트 전담 교수진, 전문 파트너와 최첨단 인재를 융합하여 비교할 수 없는 그룹 및 개인 개발을 달성하려는 데 있다. 일련의 이벤트가 아니라 최고 경영진 개발이 하나의 과정이다. 따라서 단순한 그룹 교육 차원을 넘어 프랑스 고유의 교육 및 기술 자원을 활용하는 기민하고 고도로 구조화된 프로그램이다. 세밀하게 조정된 물류 기능을 사용하여 대면 및 원거리에서 개인에서부터 대규모 그룹 활동에 이르기까지 장기적이고 다각적인 프로그램을 구상하여 제공하고 있다.

특히 맞춤형 교육을 위해 ESSEC Executive Education 팀은 수십 년 동안 최고 관리자 및 Comex 회원의 전문 개발에 참여해 왔다. 타의 추종을 불허하는 전문 지식을 바탕으로 미래의 도전에 맞서기 위해 문화 및 비즈니스 변화를 분석하고 관리 예측한다. 매년 100개가 넘는 맞춤형 교육 프로젝트를 통해 고객의 특정 요구에 맞춘 혁신적인 교육 공학을 활용하는 프로그램을 구현하는 데 능숙한 전문성을 지닌 그룹이다. 이들 팀이 개발하고 관리하는 프로그램 내용은 캠퍼스와 고객이 선택한 위치 모두에 배포된다. 결과적으로 단순한 전통적인 교육을 넘어서 조직이 미래의 리더를 개발할 수 있도록 심오한 관리 혁신을 달성하는 프로그램을 개발하고 제공한다.

목표 및 회사 상황별

경영 전환 계획, 잠재력이 높은 개발 프로그램, 일반 관리 프로그램, 특정 전문 교육 프로그램, materclasses : 개발 목표에 따라 특정 계획을 만든다.

참가자 및 문화별

맞춤형 교육 대상은 ExCom, 최고 관리자, 잠재력이 높은 관리자, 전문가 등인데 이들을 위해 변화에 참여하는 데 필요한 다양한 수준의 관리에 적합한 특정 학습 경로를 설계한다. 또한 이들 팀은 다문화적 이해 관계를 다룰 수 있는 능력이 있으며 프로그램은 국제적인 관리자 CEO 등의 대상을 위해 설계된다.

산업별

자동차, 의료 및 제약, 은행, 미디어, 물류, 건설, 소매 등 분야별로 전문화되어 있으며 산업별 과제를 잘 알고 있다. 업계 과제와 비즈니스 모델에 따라 교육 경로와 학술 콘텐츠를 맞춤화하는 게 특징이다.

미래전략(비전)

- 맞춤형 프로그램 강화와 최고 관리자 과정 혁신 전략을 추구한다.

에콜 폴리테크니크 (École Polytechnique) (그랑제꼴 공학계열)

- 프랑스 빨레소에 위치한 에콜 폴리테크니크는 프랑스 공학 계열의 그랑제꼴이다.

혁신

교육 프로그램[3]

① 입학 전 7개월간 군대·사회단체 등 활동의무화
철저한 이론 교육과 함께 4년 교육과정 중 15개월을 현장

---

3 함혜리, [명문대 교육혁명](6) 프랑스 에콜 폴리테크니크, 서울신문, 2006.05.19. 에콜 폴리테크니크 홈페이지, 2020 ; 2019.

실습에 할애한다. 종합적이고 균형적인 시각, 현장감각을 지닌 전문 엘리트를 만들기 위해서다.

② 4년과정 중 15개월 실습

그랑제콜 출신들은 해당 학교를 졸업하면 상대적으로 관리직이나 관료집단에 들어가기 때문에 사회 전반에 대한 이해가 전혀 없이 현실성이 결여된다는 지적을 받는다. 철저한 이론 교육과 현장실습 위주의 교육으로 이런 결함을 극복하고 있다. 뿐만 아니라 전문화 과정도 1년 더 길다.

국방부 소속인 에콜 폴리테크니크의 학생들은 입학과 동시에 국가공무원의 신분이 된다. 무상 교육 외에 국가로부터 매달 700~750유로(약 84만~90만 원)의 봉급을 받는다. 일정 기간 공무원 생활을 해야 하지만 기업에 취직해 산업현장이나 금융계로 가는 경우가 절반을 넘는다.

③ 외국 우수 인재·기업과 '두뇌교류' 활발

에콜 폴리테크니크는 국제사회에서 세계 명문대학들과 경쟁하기 위해 최근 외국인들에게 문호를 개방하기 시작했다. 외국의 우수한 인재들을 확보하기 위해 2년 전부터 20개 분야에 마스터클래스(석사과정)를 개설했다. 박사과정도 운용 중이다.

외국의 이공계 명문대학과 교환프로그램도 활발하게 진행하고 있다. 산학협동을 강화하기 위해 국내외 기업들과 특정 주제에 대해 공동 연구개발 프로젝트를 진행하고 있다. 삼성전자도 올해부터 이 프로그램에 동참했다.

미래전략(비전)

- 실습교육 강화를 통한 전문화 과정을 특성화한다.
- 해외인재 두뇌교류를 통한 마스터 클래스 과정을 확대 추진한다.

고등사범학교
(École Normal Supérieure)
(그랑제꼴 인문/자연학계열)

혁신

프로그램

① DENS 디플롬 과정(Diplôme de l'École normale supérieure)

주로 20대 초반인 그랑제콜 준비반 졸업생을 대상으로 한해 소수 정예로 선발하며 합격률은 0.8~1.5% 정도로 높은 경쟁률을 보인다. 학석사과정에 선발되어 입학한 학생들은 4~5년의 학·석사 재학기간 동안 1300유로의 급료를 받는 대신 재학 기간을 포함해서 10년 동안 공무원 신분으로 계약된다.

미래전략(비전)

- 소수 정예 엘리트 프로그램으로 공무원 양성(사범학교) 특화 전략을 추진한다.

프랑스 와인 대학

- 와인 대학은 양조학을 주로 대학과정을 운영하지만, 마케팅, 와인 관련 법학 학위(학석사) 6개월에서 1년 코스의 소믈리에 컨설턴트 등의 와인 관련 영역의 특화대학이다.

- 와인 대학은 9월부터 다음 해 6월까지 1년 과정이다. 수업료 자체는 약 4000유로(약 500만 원)이지만 강의가 프랑스어로 진행되므로 외국인의 경우 어학연수 1년을 고려한 2년 정도의 생활비가 필요하다. 자유 시간을 활용한 보충학습에도 비용이 든다.[4]

---

4 www.cafa-formations.com, 2020, 2021, www.universite-du-vin.com/2021, http://www.bourgogne-wines.com/2021 참조.

- 포도 재배 분야의 경영과 행정 관련 대학학위(DU) 상품관리(경작기술, 양조실무) 등의 영역을 사회대와 연계 과정을 운영하며 스페인, 이탈리아, 호주, 남북미아메리카 대학들과 연계과정을 운영한다.

- 포도주 양조학 국가 자격증 300시간 3개월 실습 과정도 대학과의 연계 교육을 통해 이루어진다.

- 레스토랑 경력이 3년 이상인 학생의 경우 이 과정을 마치면 프랑스 국가공인 MC 소믈리에 시험에 응시할 자격이 주어진다.

수업 커리큘럼(단위 : 시간)

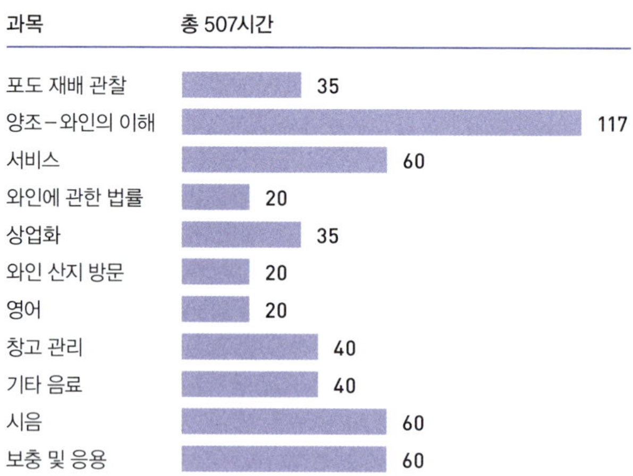

- 와인 양조학 학위 과정은 와인 특성화 대학에서 2~3년 코스를 통해 국가인정 학위를 취득할 수 있다. 양조학은 자연과학의 응용분과로 생물학 화학 토양학 기후학 등에 대한 광범위한 이론적 지식을 필요로 하며 보르도 2대학, 디종대학, 몽 빨리에 1대학 등에서 학위 취득이 가능하다(프랑스 와인 대학 홈페이지, 2021).

Chapter 9

중국

북경 대학

설립이념

- 1898년 7월 3일 변법자강운동의 일환으로 설립. 중국 최초의 국립 종합 대학교

혁신

혁신사례

- 창업 특구의 중심지에 문을 연 '베이징대 전 세계 대학생 창업 중심'

  2016년 12월, '전 세계 대학생 창업 중심'이란 창업 센터를

오픈해 중국의 청년 창업 열풍에 힘을 보태고 있다. 베이징 대학 캠퍼스 내에 자리하고 있다는 점에서 재학생들의 접근성을 극대화시켰다. 주로 석박사 학생의 강의가 진행되는 제2건물 지상 1층에서부터 지하 2층으로 이어지는 총 5000평방미터 규모의 창업 센터에선 강의실, 청년교류공간, 창업연구실, 청년 창업 연구 결과물 전시관 및 각종 실험실 등 청년 창업자들을 위한 모든 시설을 한 곳에서 이용할 수 있다.[1]

- 2012년 무렵 '베이징대학 창업 훈련 캠프'라는 이름으로 중국 전역 8곳에 창업에 특화된 기술을 연습하는 기지를 설립해 운영 중이다.

- 중관촌 : 북경 대학, 청화 대학, 중국과학원 등의 공공 연구기관이 소재하고 있었던 문화대학 교육지대[2]
  중관촌은 유기적인 산학협동 체제다. 대학과 연구기관들이 기업친화적인 운영을 하고 있다. 대학에 벤처캐피탈을 유치하고, 기술이전 조직을 설치했으며, 직접 기업을 운영하기도 하고 자회사를 탄생시키기도 한다. 230여 개의 각종 연구기관들도 마찬가지다. 중국과학원을 비롯해 많은 연구기

---

1 제인린, 베이징 대학 스탠퍼드에 도전하다, 더 퍼스트가이드 매거진 브런치, 2018.06.

2 김요셉, [혁신클러스터를 찾아서 ⑤] "중관촌은 정부 관료가 뛴다", 헬로디디, 2003.03.02.

관들이 벤처 스핀오프 활성화를 위해 하이테크 기업관리국과 산업처란 곳을 설립, 운영하고 있다. 특히 대학과 연구기관들끼리도 활발한 협력을 위해 노력하고 있다. 94년부터 북경 대학과 청화 대학, 중화대학원의 LAN(근거리 통신망)이 중국 최초 인터넷망으로 정비돼 서로의 정보들을 공유하고 있다. 특히 이 지역이 갖는 산학협동 체제의 가장 큰 특징은 IT업계의 생명인 우수 인재 공급이 용이하다는 점이다.

미래전략(비전)

- 산학협력 기반 강화와 청화 대학 등과의 연계 프로그램 혁신 전략을 추진한다.

- 공동 연구와 교외 연구기관과의 긴밀한 협력을 통한 창업센터를 강화한다.

중국 상해 교통대학

혁신

中 최초 근공간 혁신 연구개발센터 설립[3]

- 상하이 교통대학교는 지난 26일 중국 최초로 양강 신구에 설립한 근공간(近空間, near space) 혁신 연구개발센터가 문을 열었다.

- 상하이 교통대는 근공간 연구개발센터가 상하이 교통대학교의 항공우주 분야 선도적 과학기술 성과와 자원을 바탕

3 출처 : 이코노믹리뷰(https://www.econovill.com), https://www.sjtu.edu.cn

으로 충칭 양강신구의 항공우주, 기계공학, 바이오의약, 신소재, 정보기술(IT) 분야의 발전을 촉진하려는 목적에서 설립 운영되고 있다.

상해 교통대의 산학협력

- 상해 교통대학과 보강그룹은 적극적 협력 체제를 구축하여 우수한 인재배양 기반을 공동으로 만들어가고 있다. 2006년 10월 10일, 쌍방은 과학연구합작보충협의, 연구생연합배양협의, 졸업생배양과 선발협의를 포함한 일련의 협의를 체결함으로써, 과학연구혁신과 인재배양에서 전면적이고 밀접한 협력을 하고자 한다.

- 쌍방의 협력은 이미 오랜 유래가 있다. 과학연구 프로젝트를 계기로 한 협력으로부터 점차 실험실 공동건설, 학과영역 집군식협력 전개로 발전하는 쌍방의 협력은, 교통대학 기술집군과 보강주식산업 집군의 밀접한 연결을 추진하였다. 특정한 영역에 '유일한 합작파트너' 관계를 구축하고, 쌍방이 공동으로 구축한 자동차패널 사용기술 연합연구실 기반에 의탁하여 프로젝트 협력을 중요 활용영역으로 설정하고 산학연연맹이 지속적으로 발전할 수 있는 새로운 브랜드를 창조에 협력하고 있다.

- 쌍방은 5년내에 자동차패널 사용기술 연합연구실을 국제

선진수준에 도달한 혁신개발 기반과 기지로 건설할 것을 확정하였다. 쌍방은 공동으로 정부계획 프로젝트와 국제합작 프로젝트를 신청, 담당할 것이며, 국가의 기술혁신체계의 구축과 자체적 혁신능력의 가속적인 제고를 위하여 공헌할 목적을 추진 중이다.

- 2004년, 쌍방은 연구생연합배양계약을 체결하였고, 일찍 학교와 기업이 연합으로 인재를 배양하는 새로운 모델을 개척하였다. 해마다 30~40명이 되는 교통대학 연구생들이 보강에서 실습하며, 보강의 과학연구 프로젝트에 참여하였다. 쌍방이 연합으로 배양하는 연구생의 유형, 전업, 목표는 국가에서 계획적으로 통일모집하는 석사, 공정석사를 포함하게 된다.

- 연구생연합배양은 이중지도교사제를 실시하며 주요 지도교사는 보강의 겸직연구생 지도교수가 담당하고, 부 지도교수는 교통대학에서 배치하며, 쌍방 지도교수는 공동으로 연구생연합배양 계획의 제정을 책임진다.

- '사전모집', '우선채용' 등 조준성 조치를 제정하고, 보강의 자체적 혁신과 쾌속적인 발전을 위하여 인재지원과 인재비축을 제공할 것이다. 또한 교통대학의 졸업생들을 위하여 더욱 많은 실습과 취업기회를 제공하며 학생들의 취업역량을 제고할 것이다.

- '보강과의 전면적인 협력은 전문화교육과 산업수요의 결합을 효과적으로 강화하고, 우수한 학생들의 대형 국유기업 진출에 있어 더욱 많은 편리를 제공할 것이다'.[4]

---

4 중국, 상해 교통대학과 보강(寶鋼)기업이 공동으로 과학연구혁신과 인재육성에 손잡고 산학연연맹 새로운 브랜드 창조, 글로벌 과학기술정책정보 서비스, 2006.
상해 교통대학 홈페이지(https://www.sjtu.edu.cn), 2021 ; 2020.

Chapter 10

—

싱가포르*

* 강아영, 최아란, 〈세계는 지금 산학협력 중〉 싱가포르 산학협력, 인재를 키우다, 이대학보, 2009.11.16.

싱가포르 국립대
(National University of Singapore)

- 싱가포르 국립대는 게놈 연구소 등 12개 정부출연 연구소와 자체 설립한 대형 연구소 12개가 입주해 있는 연구 중심 대학이다. 싱가포르 국립대는 이 연구소들이 보유한 인력과 시설을 활용해 정부와 기업의 프로젝트를 수주하였다. 싱가포르 국립대의 연차보고서에 따르면 2018년 싱가포르 국립대가 수주한 연구는 1033개, 완성된 연구는 1753개다.

- 인턴십 프로그램이 활성화되어 있는 난양 기술대는 매년 4천 명의 학생이 약 1000개 업체의 인턴십 프로그램에 참여한다. 1984년 처음 시작한 난양 기술대 인턴십 프로그램은 36년 동안 계속되고 있다. 인턴십 프로그램을 통해 학생들은 실무와 유사한 사회 경험을 하며, 이 경험은 수업에 반

영해 커리큘럼으로 강화한다.

- 싱가포르 국립대는 공기업을 비롯한 IBM 등 국내외 기업들과 연계해 활발한 연구 활동을 한다. 공과대학(공대)의 경우, 컴퓨터 장비 업체 휴렛 팩커드(Hewlett Packard Company) 등 세계적 기업들과 연구하는 공동과제만 매년 2000건이 넘는다. 산학협력 공동연구에 참여하는 교수와 학생들은 기업으로부터 연구비, 장학금 등 풍부한 재정적 지원을 받는다.

- 세계 컴퓨터 판매시장의 약 50%를 차지하고 있는 다국적 기업 IBM도 컴퓨터 제조에 관한 연구과제를 싱가포르 국립대에 맡기고 있다. "IBM은 수익금의 10%를 연구개발에 투자하는 기업"이라며 "싱가포르 국립대와 IBM은 앞으로도 연구 및 교육 파트너로서 협력해갈 것"이라고 하였다. 현재 싱가포르 국립대 공대 학생들은 공대 건물에 있는 IBM 컴퓨터실에서 공부하는 등 IBM으로부터 다양한 혜택을 받고 있다.

- 산학협력연구에 참여하는 학생들에게 주어지는 장학금 혜택도 크다. 전액 장학금을 지원 받고 월급도 받는다. 200달러(한화 약 23만 원)에서 시작한 월급으로 시작해 2500달러(한화 약 290만 원) 내지 수천 달러에 이른다.

- 일부 기업은 장학금 제도를 신설하였다. 해운업체 NOL (Neptune Orient Lines Limited)은 'NOL 장학 프로그램'을 만들어 항만학과 연구 활동에 21만 달러(한화 약 1억 7500만 원)를 지원한다.

혁신

싱가포르 국립대 프로그램

① Special Programmes

NUS offers a wide range of learning opportunities beyond the traditional single-degree programmes offered by individual Faculties/Schools. The undergraduate curriculum is structured with sufficient flexibility to enable students to obtain knowledge in an additional discipline and/or further specialization within a discipline.

The NUS educational experience is not limited by the physical boundaries of the campus or even Singapore. NUS collaborates with some of the world's finest universities to offer special programmes to NUS students.

Students on these special undergraduate programmes would acquire additional sets of skills and are well-placed for multiple career options upon graduation.

Students may choose to pursue only one of the following types of special programmes, i.e., one Double Degree Programme(DDP) or one Concurrent Degree Programme(CDP) or one Concurrent Double Master Programme(CDMP), in a single continuous candidature. They would not be eligible for another special programme until the first one has been completed and they have graduated from it.

Below are University-level special programmes available to undergraduate students.

Double Degree Programmes

Concurrent Degree Programmes

Double/Concurrent/Joint Degree Programmes with Overseas Universities

Double Major Programmes

Minor Programmes

Specialisations

Student Exchange Programme

Undergraduate Research Opportunity Programme

Summer/Winter Programmes

② Global program

The history of NUS Overseas Colleges(NOC) begun way back in 2001, when NUS signed a Memorandum of Understanding(MOU) with Stanford University for students to intern at Stanford affiliated technological start-ups—which was launched by the former NUS President, Professor Shih Choon Fong.

The first college was hence established in Silicon Valley, the epitome of extraordinary innovation and entrepreneurship. The first batch of 14 NOC students arrived in Silicon Valley in 2002.

With the success of the first NUS Overseas College, subsequent colleges was set up in Philadelphia - Bio Valley*, Shanghai and Stockholm.

With the rise of entrepreneurship in Singapore, in January 2008, NUS Entrepreneurship Centre(NEC) launched the innovative Local Enterprise Achiever Development(iLEAD) programme to offer NUS students the opportunity to intern at local start-up companies and be exposed to the entrepreneurial challenges in Singapore. The iLEAD programme was subsequently subsumed under the NOC office in 2010, and was renamed to NOC Singapore in 2015.

During that time, more colleges opened in India*, Beijing, Israel and New York.

In 2016, NOC set up in Munich and Lausanne*, cities with strong deep tech culture—to provide technical students with the opportunities to intern at deep tech start-ups (based on true technological innovation or scientific discovery). The programme targeted post-graduate students with deeper technical knowledge, and the first 6 students embarked on the programme in January 2017.

2018 kicked off with the expansion of NOC to Toronto and Southeast Asia. The Southeast Asia programme is a three-month internship that seeks to introduce students to the dynamic economies of Southeast Asia and expose them to start-ups in areas such as agricultural technology, social enterprise, e-commerce and more.

In 2019, NOC Shenzhen was introduced to give students the opportunity and exposure to the Start-up City of China, once dubbed as the manufacturing hub of the world.

③ 벤처빌딩 프로그램

Start-Up your Entrepreneurship Career

The Startup SG Founder Programme has been enhanced with a new component that aims to encourage entrepreneurship as a career pathway. Supported by Accredited Mentor Partners(AMPs) who are appointed as Venture Builders, the Venture Building(VB) programme provides a monthly stipend and structured training to aspiring entrepreneurs to take their first steps towards starting up. Start-ups founded through the VB programme will be recommended for the Start-up SG Founder Grant.

NUS Enterprise as your Accredited Mentor Partner & Venture Builder

Through nurturing talents and supporting start-ups, NUS Enterprise plays a pivotal role in fostering innovation and entrepreneurship among the NUS community and developing Singapore's start-up ecosystem. With over 20 years of experience, NUS Enterprise has spearheaded flagship initiatives such as NUS Overseas Colleges and BLOCK71, developing and nurturing over 4000 students and entrepreneurs, and building a community of more than 1000 start-ups over the years.

The 3-month full-time experiential programme designed by NUS Enterprise will help candidates understand the process, challenges, risks, and rewards of starting a business, and equip them with basic skills and the ability to create and assess business ideas and solve problems. Additionally, participants will form and work in teams, learn to analyse market opportunities, develop business models, strategies and plans, and make professional pitches to improve chances of starting-up successfully.

난양 기술대
(Nanyang Technological University)

- 난양 기술대는 산학협력을 바탕으로 인턴십 제도가 활성화되어 있다. 활성화된 인턴십 제도는 높은 취업률로 이어진다. 약 90%가 한 달 이내에 직업을 구한다. 난양 기술대 경영대 학생 10명 중 9명이 졸업 전에 취업한다.

- 1984년부터 '커리어&어태치먼트 오피스(Career&Attachment Office, CAO)'를 설립한 난양 기술대는 인턴십 프로그램 참여가 졸업 필수 요건이다. 공과대학, 항만학과, 심리학과, 수학과, 커뮤니케이션학과 학생들은 3학년, 회계학과, 경영학과 학생들은 2학년 때 8~30주간 인턴십 프로그램에 참여한다. 이에 따라 매년 3500~3700명의 학생이 인턴십 프로그램을 이수한다.

- 약 6200개의 인턴십 자리가 만들어졌으며 2100여 명의 학생이 인턴십 프로그램에 참여하였다. 다양한 해외인턴십 기회도 있는데, 이들 중 많은 학생이 중국, 일본, 독일, 프랑스, 베트남 등 해외에서 인턴십 프록램에 참여하였다.

- 인턴십 프로그램은 교수, 학생, 기업간의 긴밀한 소통 속에 운영된다. 난양 기술대는 인턴십에 참여하는 학생 1명당 교수 1명과 기업 관계자 1명이 감독자가 돼 조언을 해주도록 하고 있다.

혁신

난양 기술대학교 프로그램

① '소프트웨어의 변화'를 통한 교육 혁신에 집중하는 게 아니라 기존 강의실을 없애고 토론실과 실습실을 늘리는 '하드웨어 구축'을 매우 빠르게 진행[1]

- 2015년에는 4000억 원을 들여서 '벌집(The Hive)'이라는 학습 및 토론을 위한 건물을 짓더니 2018년에는 3600억 원을 투자해서 '방주(The Arc)'라는 학습 건물을 지었다.

---

1 박형주, [매경시평] 난양이공대 벌집건물과 교육혁신, 2020.09.14.

싱가포르 정부의 재정 지원으로 운영되는 대학에서 이런 규모의 교육 시설 투자가 가능했다는 사실이 놀랍다.

- 새로운 학습 공간에는 학생들이 앉아서 칠판을 바라보는 전통적 강의실은 단 하나도 없다. 벌집의 교실에 들어가면 360도 어디를 쳐다봐도 스크린과 화이트보드가 있다. '강의실'이 아니라 교수와 학생 간의 상호작용과 토론을 전제로 한 '토론실'이다. 학생들은 수업 전후로 온라인 강의 동영상을 통해 필요한 지식을 습득한다. 교수는 수업 시간엔 해당 내용에 대해 강의하는 게 아니라 질문을 던진다.
- NTU는 이미 2년 전에 280여 개의 '거꾸로 스마트 교실(Flipped smart classroom)'을 구축했고, 올해까지 대학의 전 과목 중에 절반 이상을 거꾸로 방식으로 전환했다. 올해의 코로나19 감염병 확산 같은 예기치 않은 상황이 닥쳐도 이런 수업 방식은 큰 타격을 받지 않았다.

② 난양 어시스턴트 프로그램(NAP)[2]

- 40세 이하 젊은 과학자들을 뽑아 연구비 100만 싱가포르달러(약 8억 3000만 원)와 교수직 등 파격적 지원을 하고 있다.

---

2 김연주, "젊은 과학자가 우리의 미래… 파워 論文 40% 쏟아내", 조선일보, 2017.10.18.

- 젊은 과학자들이 테뉴어(정년 보장) 교수의 8%를 차지하지만 영향력 있는 논문의 40%를 생산한다.

③ NTU 프레지덴셜 포스닥 펠로우십

- 12명 정도의 소수 정예 박사후연구원을 직접 고용하고 연구비를 지원한다.
- 보통은 연구 실적이 좋은 교수 연구실에 들어가기 위해 박사후연구원들이 경쟁을 했다면, 이 프로그램은 고용된 박사후연구원들을 얻기 위해 교수들 간에 경쟁을 해야 하는 식이다.
- 매년 이 프로그램을 통해 들어온 12명 정도의 유능한 포닥에게 직접 월급을 주고 연구비도 준다. 그럼 대학 내에 있던 교수들은 이 포닥을 잡기 위해 서로 경쟁해야 한다. 만약 포닥이 원한다면 하나 이상의 교수진과 공동 연구를 진행하면서 다학제간 연구를 할 수도 있다.
- 박사후연구원들은 다른 전공의 교수를 선택할 수도 있고, 한 명 이상의 교수를 선택할 수도 있어서 융합 연구를 할 수도 있다.

미래전략(비전)

- 소프트웨어 변화보다 역발상적 혁신 전략을 추구하여 토론 실습실을 강화하는 하드웨어적 혁신을 추구한다.

- 학생과 교수 간 상호작용 학습공간 확대전략을 통해 교수 학습의 질 강화 전략을 추진한다.

싱가포르 경영대
(Singapore Management University)

- 싱가포르 경영대는 2001년 8월 설립된 경영학 전문 단과대학이다. 짧은 역사에도 불구하고 세계 각국의 30여 개 업체와 산학협력 및 교육 프로그램을 하고 있다. 또한 창업센터를 운영, 정부와 기업의 지원을 받고 경영전략과 창업자금을 학생들에게 지원해 개인 사업가를 양성한다.

- 싱가포르 경영대는 기업가 양성을 위해 창업을 원하는 학생과 외부인에게 실질적인 마케팅 전략을 전수한다.

- 싱가포르 경영대 창업혁신센터(Institute of Innovation & Entrepreneurship)는 비즈니스 인큐베이터(Business Incubator) 프로그램을 시행한다. 이 프로그램은 싱가포르 경영대의 교

수를 비롯해 컨설팅회사 피닉스 어드바이저(Phonix Adviser)의 산지브 미스라(SanJiv Misra) 전무이사, 미국 제록스 파크(Xerox Parc) 연구소의 존 실리 브라운(John Seely Brown) 전 임연구원 등 각국 기업의 중역 50명으로 구성된 멘토가 의뢰인의 창업 과정을 돕는 방식으로 진행된다. 창업을 원하는 사람은 이 프로그램을 통해 사업 아이템 선정부터 특허 출원, 마케팅방식 선정까지 회사 설립의 모든 과정을 구성할 수 있으며, 지금까지 이곳을 거쳐 설립된 회사는 25개이다.

- 온라인 가방판매업체 '슬로우 로리스'(slow loris)와 게임개발업체 '타일러 프로젝트'(Tyler Project)는 모두 졸업생들이 재학시절 창업혁신센터에서 마케팅 전략을 배워 만든 회사다.

- 2007년 슬로우 로리스의 사라 입(Sarah Yip) 대표는 창업자금 5만 달러(한화 약 4000만 원)로 사업의 첫 발판을 마련하였다. 홈페이지 구축비 4000달러(한화 약 330만 원)를 제외한 자금의 대부분은 원재료 구입과 패션디자이너를 고용하는데 사용하였는데 이는 제품의 경쟁력을 높이기 위한 전략이다. 모든 가방의 가격은 182.4달러(한화 15만 2000원)로 통일하였다. "온라인쇼핑몰에서 제품가격의 단일화까지 대부분의 사업방식은 싱가포르 경영대 창업혁신센터의 사업가 멘토들이 제안해준 것"이라며 "온라인쇼핑이 활성화돼있지 않았던 당시에는 위험하고도 기발했던 선택"이라고 하였다.

싱가포르 경영대학교 프로그램

① SMU-X

- 학생들이 기업, 비영리 및 정부 기관과 프로젝트를 공동으로 진행하여 실제 변화를 받아들이도록 요구하는 경험적 학습 프레임이다.
- COURSES : SMU-X 과정은 학제 적이며 조직이 직면한 실제 문제를 해결하기 위한 프로젝트를 통해 경험적 학습을 강조한다.
- GETTING INVOLVED : SMU-X는 수상 경력을 가진 경험적 학습 교육을 통해 프로젝트 후원자가 복잡한 비즈니스 과제를 해결할 수 있는 흥미로운 기회를 제공한다. 여기에서 5~7명의 학생으로 구성된 팀이 컨설턴트 역할을 맡아 전담 교수진의 지원을 받아 신선한 관점과 결정적인 통찰력을 제공한다.
- PROJECT SHOWCASE : SMU-X와 함께 여행 한 프로젝트 후원자들로부터 SMU-X 학생들이 착수한 프로젝트를 평가받고 조언받을 수 있다.

미래전략(비전)

- 프로젝트 후원자 제도의 강화와 컨설턴트 교육 프로그램을 도입한다.
- 창업혁신 프로그램 추진과 이를 통한 창업지원을 확대한다.

Chapter 11

캐나다

캐나다 토론토 대학교

혁신

- 미국 같은 SAT 없이 내신으로 선발[1]
  입학은 쉽지만 졸업은 어려운 학교
  AI·줄기세포 등 세계적인 연구 수준

- 영국처럼 칼리지 소속돼 학교 생활
  개인 사서가 한 명 한 명 학습 코치
  토론토 한복판 위치 산학협력 활발

---

1 정현진, [해외 대학 리포트] 인공지능 핵심 기술 '딥 러닝' 개척, 토론토대, 중앙일보, 2016.04.27. www.utoronto.ca, 2021.

- 1학년 때 선택수업으로 들을 수 있는 'First-Year Seminars' 수업도 학생들의 학교 적응을 돕는다. 문화·인문·사회과학·정치·과학 등 다양한 분야 중 관심 있는 주제에 맞춰 25명 규모로 소규모로 진행된다. 에세이·프레젠테이션·리서치 등 과제 수행에 필요한 효과적인 방법들을 가르쳐 준다.

- "학문적인 영어 글쓰기에 익숙하지 않은 유학생에게 정말 큰 도움이 되는 수업", "각주·인용문 달기 등 실용적인 글쓰기 기법들을 배울 수 있다"

- LG는 토론토 대학과 ①로봇 프로세스 자동화(RPA) 등을 통한 사무 자동화, ②오차 없이 제품을 제조하고 검증하는 공정 설계, ③부품 현황과 업무 순위 등을 고려하여 스스로 학습하며 최적화하는 공장 지능화 등 기업용 인공지능 연구를 진행할 계획이다.[2]

- 토론토 대학교는 인공지능의 대부로 불리는 제프리 힌톤(Geoffrey Hinton) 교수를 배출하는 등 인공지능 분야에서 괄목한 성과를 창출하며, 글로벌 기업들과 인공지능 원천기

---

2 장소희, LG, 캐나다 토론토 대학과 '기업용 인공지능' 맞손, 뉴데일리경제, 2019.05.22.

술 확보를 위해 협업 중이다.

- 지난해 8월 문을 연 LG전자의 '토론토 인공지능연구소(Toronto AI Research Lab)'는 제품에 적용되는 인공지능 연구를 진행하고, LG사이언스파크가 신설하는 '토론토 기업용 인공지능연구소(Toronto Enterprise AI Lab)'에서는 산업과 물류, 제조 현장에 적용되는 기업용 인공지능 연구를 담당하게 된다. 토론토 기업용 인공지능연구소는 7월부터 본격적인 운영에 들어간다.

- LG는 토론토 대학의 우수한 연구 성과와 캐나다의 인공지능 관련 인프라를 활용해 제품 및 기업 대상의 핵심 원천기술을 확보하는 등 인공지능 분야를 선도한다는 계획이다.

미래전략(비전)

- First-Year 프로그램을 통한 기초교양교육을 강화한다.

- LG와 인공지능 연구를 공동추진한다.

- 뇌연구, cancer therapy, 지구 연구 등 새로운 영역에 혁신전략을 수립해 추진해나가고 있다.

캐나다 브록 대학교

혁신

지역 – 대학 파트너십[3]

- 캐나다 정부는 지역의 자율적인 개발을 중시하면서, 다양한 권한과 의무를 지자체에 위임하고 있으나, 소규모 지자체의 경우 지역 개발을 위해 전문 인력과 예산 부족의 문제를 안고 있다.

- 이에 따라 캐나다 대학들은 지역 내에서 다양한 역할과 적

---

3 산학협력 관련 해외 주간 정책동향, 경상대학교 산학협력교육연구소, 2018.
www.brocku.ca(브록 대학 홈페이지), 2021 ; 2019.

극적인 지역 참여를 요구받고 있다. 또한 취업이 점차 어려워지는 상황에서 대학들은 학생의 취업 경쟁력 강화를 위해 다양한 방법을 강구하고 있다.

- 캐나다 브록 대학(Brock University)의 사례에서 보면 교수와 학생이 남알곤퀸 지역개발 계획 프로젝트(South Algonquin Official Plan Project)에 참여하여, 학생은 인턴쉽 기회를 얻고 지자체는 저렴한 비용으로 지역개발계획서를 획득하고 있다. 이 사례는 지역주민은 지역 커뮤니티 형성과 지역에 대한 이해를 높인 윈윈(win-win) 사례라 볼 수 있다(경상대, 2018).

사업 배경 및 추진과정

- 1964년에 설립된 캐나다 온타리오 주의 유네스코(UNESCO) 지정 생태계 보존 구역에 있는 대학인 브록 대학은 1964년 설립된 대학으로 연구 중심의 공립 대학이다. 브록 대학에서는 2000명이 장기현장실습(Co-op)에 참여하고 있고, 2015년 기준 취업률 97.2%로, 캐나다에서 취업률이 가장 높은 대학 중 하나이다.

- 남알곤퀸 지역은 산림자원이 풍부하고, 알곤퀸 파크(Algonquin Park)를 끼고 있어 관광 자원이 풍부함에도 불구하고 개발이 되지 않고 지역주민 수가 점차 줄어드는 상황인데

다 남알곤퀸 지자체(municipal) 스스로 개발을 추진하기에는 전문 인력이 부족하였고, 지역 개발사업 계획용역을 민간업체 수주로 실행하기에는 예산이 부족한 문제를 겪고 있었다.

- 이러한 문제를 해결하기 위해 브록 대학의 지리학과에 접촉하였고, 지역개발 계획서 작성 프로젝트 경험과 학생 지도훈련 경험이 있는 교수가 이를 승인하면서 사업이 시작되었다.

- 지역개발 계획서 작성 프로젝트는 총 5년 간 진행되었으며, 직접적인 참여자는 교수, 학생, 지역주민이었다.

- 브록 대학 지리학과 4학년생은 브록 대학 지리학과 인턴십(Department of Geography's Honours Internship)으로 본 사업에 참여하여 진행함으로써, 사업 진행과 동시에 학생들이 현장 경험과 경력을 쌓도록 하였다.
  - 해당 사업은 팀프로젝트로 진행되었으며, 해당 프로젝트에 참여한 4학년 인턴에 각각 다른 과제와 업무를 분담하였다.
  - 각 과정별로 학생들은 커뮤니티 프로파일과 지역 조사 보고서를 작성하였고, 남알곤퀸지역의 발전에 중요한 이슈를 중심으로 이슈 리포트를 작성하였다.

- 해당 프로젝트에서 매년 나오는 지역에 대한 자료와 보고서는 주민 공청회를 통해 공개하였으며, 교수들의 지도 하에 단계별로 개발계획서 초안을 작성하고 공청회 등을 통해 수정되었다.
- 프로젝트 수행 과정에서 생산한 지역 프로파일과 지역조사보고서, 이슈 리포트 등의 결과물은 워크숍을 통해 지역주민과 공유하고, 지역 초등학교 학생에게 지역 교육을 실시하였다.

● 지역개발 계획서는 학문적인 접근보다 남알곤퀸 지역주민의 욕구를 지역개발 계획서에 최대한 반영하는 동시에 지역 커뮤니티 형성에 기여하는 방향으로 진행되었다.[4]

- 프로젝트를 진행하는 동안 학생과 교수는 이 지역을 자주 방문하여 물리적인 환경도 상세히 파악하여 지역발전 계획에 반영하였다.
- 지역개발 계획서에서 주로 고려된 사항들은 자산 개발, 주거지 개발, 교통, 커뮤니티 서비스, 환경 등이다.
- 인턴으로 참여한 학생들은 프로젝트를 진행하는 동안 지자체 관계자들과 만나 실현가능한 지역개발 계획서를 작성하는 방향으로 진행하였다.

---

4 경상대, 전게서, 2018.

- 해당 계획서는 2014년에 정부로부터 승인을 받아 실제 이 지역의 개발이 시작되었다.

- 브록 대학은 2017년에도 인근 지역(Lincoln)지역개발 계획 프로젝트에 참여하여, 지역개발과 학생에 현장교육을 동시에 추구하는 사업을 꾸준히 진행하고 있다.

미래전략(비전)

- 브록 대학과 남알곤퀸 지역의 지역개발 프로젝트 사례는 부족한 전문 인력과 재정 상태임에도 지역개발 계획 수립이 시급한 지자체와 전문 인력을 갖추고 있고, 학생들의 경력개발과 현장교육이 필요한 대학의 상호 이해가 맞춰져서 성공할 수 있었던 사업이다.

- 브록 대학의 남알곤퀸 지역개발 프로젝트 사업은 학생에 인턴십 기회를 제공할 수 있고, 학생 교육을 동시에 추진하기 위해 비교적 저렴한 비용으로 사업을 추진하였고, 그 결과 지역주민과 지자체 모두에 혜택을 제공하였다.
  - 해당 프로젝트 참여 학생들은 프로젝트를 통해 경력개발에 참여, 팀워크 형성, 대중 연설 기회, 지역에 대한 이해, 지역개발 계획서 작성 기술 함양, 인턴십 기회를 얻었으

며, 교수는 연구 및 교육 역량강화와 지역 네트워크 등이 강화되었다.

- 지역주민은 커뮤니티 형성, 지역 역량강화, 낙후된 지역의 개발을 통해 지역주민에 긍정적인 사고 개발, 지역에 대한 이해도가 증가하였다.
- 지자체는 저렴한 비용(민간 용역 비용의 1/6~1/7 수준)으로 지역개발 계획서 확보, 특히 지역주민의 니즈가 계획서에 충분히 반영되었다는 면에서 민간 용역을 통해서는 얻기 힘든 특별한 지역개발 계획서를 확보하였다.

Chapter 12

—

홍콩

홍콩 대학은 싱가포르의 대학들과 함께 아시아는 물론 세계적 수준의 대학으로 도약한 대학이다. 일찍부터(1970년 초) 혁신을 추구해왔으며 교수 자원 확보에 있어서 다국적 교수 체제와 국제적 교육 질 관리를 추구하는 등 교육의 질과 인적자원 확보에 적극 투자하고 혁신을 지속해온 대학이다.

홍콩과학기술대학교
(Hong Kong University of Science and Technology : HKUST)

- **아시아의 온라인 커리큘럼**

홍콩과기대학은 2012년 처음으로 'Massive Open Online Courses(MOOC)'을 개설하며 온라인 공개수업을 이끌었다. 이후 코세라(Coursera), edX(에드엑스), 가상 대학 미네르바(Minerva) 등 저명한 온라인 플랫폼들과 수차례 협업을 진행했다.

- **활발한 연구 분위기**

2021 QS 세계 대학 순위 27위에 기록되기도 했다. 홍콩과기대학에는 최근 스탠퍼드대가 평가한 세계 상위 2%의 과학자 142명이 있다. 또, 학부생이 교수진의 지도 하에 다양한 연구 프로젝트에 참가할 수 있다.

- **학생지원**

이 프로그램에 참여한 대다수 학생은 하버드·스탠퍼드·MIT 등 유수의 대학에서 연구를 이어나갔다. 또 학부생 신분으로 학술지에 논문을 발표하거나 국제 콘퍼런스에서 발표를 한 학생도 있다. 다양한 플랫폼과 정책, 활동, 시설 외에도 교수진과 학생들의 연구결과 상용화를 위한 기금을 제공한다. 동문이 설립한 회사만 해도 1200여 개에 달한다. 프랭크 왕(Frank Wang)이 학교 기숙사에서 탄생시킨 세계 최대의 드론 제조업체 DJI도 이 중 하나이다.

출처 : the joongang

- **네이버/라인–홍콩과기대 AI 연구소(NAVER(035420)/LINE–HKUST AI Laboratory)**

네이버가 홍콩과학기술대학과 인공지능(AI) 기술 연구소를 설립(2018), 글로벌 인재 확보와 기술 개발의 기틀을 마련.

출처 : https://www.sedaily.com/NewsVIew/1RY80BN3JG

- **업스테이지**

기업의 문제들 중 AI 기술을 통해 혁신이 가능한 부분을 파악하고 이에 필요한 기본 AI 모델 및 시스템 구축을 포함한 컨설팅을 제공.

- 설립 : 인공지능(AI) 글로벌 커뮤니티에서 AI 석학 성킴(Sung KIM)으로 더 알려진 홍콩과학기술대학 컴퓨터 공

학부 김성훈 교수(전 네이버 클로바 AI 헤드)가 기업의 AI 트랜스포메이션을 가속화하기 위한 AI 스타트업 '업스테이지(대표 김성훈, upstage.ai)'를 10월 초에 설립.

- 방향 : 인고객 기업의 내부의 AI 인재 양성을 지원하여 자체적인 AI 경쟁력 향상을 통한 기업의 성공적인 AI 트랜스포메이션을 도울 예정, AI 비즈니스 경험을 녹여낸 실습 위주의 교육과 탄탄한 AI 기초 교육을 통해 AI 비즈니스에 즉각 투입될 수 있는 차별화된 전문 인재를 육성해 기업의 AI 팀 설립도 적극적으로 나설 예정.

출처 : 인공지능신문(http://www.aitimes.kr)

- **GBA에서I&T 성장 기회를 촉진하기 위해 HKSTP와 MOU 체결**

산업계와 전략적 공동 인큐베이션 프로그램/혁신과 인재 개발을 주도하는 번성하는 국경 간 생태계를 보장.

: 홍콩 과학 기술 대학교(HKUST)와 홍콩 과학 기술 단지 공사(HKSTP)는 혁신 및 기술(I&T) 성장 기회와 차세대 인재 개발을 촉진하기 위한 전략적 양해각서(MOU)에 서명했습니다. 홍콩 및 그레이터 베이 지역(GBA).

- 수행 : 이 협력을 통해 광저우 난사에 홍콩 과학 공원과 광저우 난사 공동 인큐베이션 기지를 설립. 이는 홍콩과 GBA 간의 R&D 및 기술 인재 풀을 성장시키기 위해 지역 전체의 HKUST 및 HKSTP 생태계를 직접 연결. 홍콩의 잠재력이 높은 신생 기업, 기업가 및 젊은 인재는 난

사에 "착륙"하고 즉시 지역 혁신 생태계에 연결할 수 있으며, 본토 벤처 및 인재는 홍콩에 연결할 때 동일한 작업을 수행.

- HKSTP와의 공동 인큐베이션 프로그램: 홍콩과 GBA에 걸쳐 번창하고 경쟁력 있는 I&T 생태계를 만들어 혁신 잠재력을 발휘하는 것을 목표. HKSTP는 산업, 학계 및 정부 파트너의 결합된 네트워크의 강점을 활용하는 초기 단계 스타트업을 위한 광범위한 공동 인큐베이션 전략에 착수했습니다.

- **인큐베이션 프로그램**
  - HKUST에서 운영하는 인큐베이션 프로그래머는 교수진, 직원 및 학생들이 지역 경제와 사회의 장기적인 이익을 위해 기술 기반 창업 회사를 설립할 수 있도록 지원하는 것을 목표로 함.
  - 목표: 취약한 초기 단계의 기술 스타트업을 지원하여 성장하고 번창할 수 있도록 지원하는 서비스 패키지는 제공. 주요 목표는 지식 확산 및 기술 이전을 촉진하고 창업 기업의 창출을 촉진하고 혁신 기반 기업가정신을 장려.

프로그램

홍콩

① HKUST 기업가정신 프로그램

기술 기반 신생 기업의 설립에서 교수진, 직원 및 학생을 지원하는 것입니다. 홍콩 경제와 사회의 이익을 위해 이러한 활동을 촉진하는 것이 대학의 정책입니다.

② Yeung Wing Yee Entrepreneurs Fund

HKUST는 기업가정신 기금 설립을 위해 Yeung Wing Yee로부터 200만 홍콩달러의 기부를 받음. HKUST 학생들이 소유한 초기 단계의 스타트업이 기업가정신의 꿈을 추구하고 기업가적 잠재력을 개발하며 혁신과 기업가정신을 촉진하도록 지원하는 것을 목표로 하는 가속 종자 펀드.

③ 기업가정신 촉진 기금

이 기금은 아이디어, 실행 및 시장 시험을 통해 학생들의 기업가정신, 사고 방식 및 기술을 배양 및 향상하고 학제 간 협력에 학생들을 참여시키는 것을 목표. 성공적인 지원자는 혁신적인 아이디어를 영향력으로 전환하기 위해 최대 1만 5000홍콩달러의 금액을 받게 됨.

④ Accelerator Space

현재 스타트업 프로젝트를 진행 중이거나 창업 활동을 하게 될 학생 그룹이라면, 액셀러레이터 공간에 오셔서 확인하시고 신청.

심천

① "苗圃直通车"(어린이집 기차) 인큐베이션 프로그램

인큐베이션 프로그램은 2015년 1월에 공식적으로 시작되었으며 HKUST 학생들은 혁신과 기업가정신에 참여하도록 권장됩니다. 혁신과 기업가정신 아이디어를 통해 SRI는 다양한 "양육"과 "햇빛" 및 재배를 제공하고, 기업가정신 및 혁신 센터, 가상 대학 공원 인큐베이터, 더 높은 수준의 채널을 제공하는 "묘목"의 성장을 위한 팀의 노력을 제공합니다. 묘목의 개화와 나무로의 성장을 촉진하는 레벨 플랫폼.

난샤

① GD, 홍콩 및 마카오(국제) 청년 기업가 허브

2015년 4월 21일 난샤에서 중국(광동) 자유무역 시범구 준공식이 거행. 주샤오단(Zhu Xiaodan) 지방지사는 FYTRI에 "GD, HK 및 마카오(국제) 청년 기업가 허브"라는 상패를 수여했습니다. 7월 1일, "난샤 광저우(국제) 기업가 기반"이 난샤구 고용 선도 그룹에 의해 FYTRI에 정착.

- **HKUST 협력 혁신 센터(HCIC)**

  HKUST 협력 혁신 센터(HCIC)는 홍콩과학기술대학교(HKUST)와 베이징 협력 혁신 연구소(BICI)가 공동으로 설립. HCIC는 당사국과 사회 모두에 유익한 프로젝트에서 HKUST와 BICI 간의 다양한 유형의 협력을 촉진하는 것을 목표. HCIC의 주요 연구 분야에는 첨단 재료 및 장치, 전자 및 장치, 에너지 및 환경, 의료, 지능형 시스템 및 로봇 공학이 포함되지만 이에 국한되지 않음.

- **HKUST – 카이사 공동 연구소(HKJRI)**

  HKUST-Kaisa Joint Research Institute(HKJRI)는 Kaisa Holdings Limited(Kaisa)의 플랫폼을 통해 실용적인 응용 프로그램 및 제품에 상용화할 기술과 지식을 개발하기 위해 2019년 11월에 설립.

  - 신소재, IOT(인공지능), 빅데이터, 핀테크 및 의료 기술의 기술 영역에 중점. HKJRI는 TTC/OKT와 주료 중국 선전에 있는 Kaisa의 인큐베이션 허브 모두의 강력한 지원을 받아 스핀오프 스타트업 회사의 형성을 포함한 기술 이전 프로세스를 촉진하기 위해 Kaisa와 긴밀히 협력.

출처 : 홍콩과학기술대학교

홍콩중문대학교 (CUHK)

- **인공지능 기술 활용한 홍콩중문대학 병원**

  스마트 병실, 병원 안내 로봇, 전자의무기록과 자동 약품 조제 등 선진 기능을 접목해 홍콩의 첫 인공지능 기술을 활용한 병원으로 재탄생.

  인공지능 기술 활용

  - 외래 약제실 약장마다 센서를 설치했고, 약사가 약품 취득 과정의 정확성을 확보하고 기록을 남긴다. 약사는 PDA(개인용 정보 단말기)에 약품을 입력하면 해당 약품의 전자 라벨에 불이 켜지고 정확한 위치를 알려준다. 약품을 취득한 후 QR코드를 스캔해 2차 확인과 약품 사용의 전자 기록 작업을 진행한다. 이 같은 기능 덕분에 약품을 안전하게 사용하고 관리할 수 있게 됐다.

- 약품 조제와 포장은 자동으로 진행된다. 자동 약품 조제 기계는 환자의 투약 시간에 따라 약품을 포장한다.
- 의료·서비스·관리 3대 측면으로 인공지능 병원 설립을 추진하고, 환자의 상태를 보살피는 동시에 경제적 부담을 덜어줄 것.

출처 : 글로벌이코노믹

- **AI 공동 연구실**

중국 인터넷 기업 텐센트 산하 'AI랩(AI Lab)'은 홍콩중문대학 선전 캠퍼스와 'AI 공동 연구실'을 설립했다. AI 랩은 향후 비주얼 컴퓨팅, 자연어처리, 머신러닝 등 AI 영역 공동 연구를 진행할 예정이다. 이를 위해 AI 박사급 인재 등이 참여한다.

전자상거래 기업 징둥도 지난 15일 홍콩중문대학 선전 캠퍼스와 'AI 공동 연구실' 간판을 달았다.

공동 연구실 설립의 배경

- 최근 몇 년간 중국 대륙의 과학기술 중심 성장모델 전환에 따라 홍콩과의 IT 영역 협력이 급속히 확대되는 추이다. 홍콩에서 연구개발한 기술을 대륙으로 이전해 상용화하는 모델이 DJI와 센스타임 등 유명 기업을 탄생시킨 것.

출처 : ©메가뉴스&ZDNET, A RED VENTURES COMPANY

● 학업지원 서비스

독립 학습 센터(ILC)

학생들이 독립 학습자로서의 역할에 대해 생각하고 참여할 수 있는 풍부한 자원 환경 제공. 전문 워크숍, 개인 및 소그룹 상담, 온라인 리소스, 학습 계획 안내를 통해 학습자가 의사소통 및 학습 기술을 향상하고 자신의 학습 전략을 계획할 수 있도록 도움.

- 독립 학습 센터의 목표
  - 영어와 중국어로 독립적인 학습 및 의사소통 문제에 대한 전문가 조언 제공
  - 학생들이 독학에 참여할 수 있는 자원이 풍부하고 편안한 환경을 제공하기 위해
  - 학생들이 개별 학습 목표를 달성하는 데 도움이 되는 관련 정보 및 멀티미디어 학습 리소스에 액세스할 수 있도록 하는 온라인 콘텐츠 사용
  - 독립적인 학습을 지원하고 장려하기 위한 리소스와 활동을 제공하기 위해 홍콩중문대학교의 교사 및 단위와 협력합니다.

AVSU(Audio Visual Services Unit)

대학 강의실에 설치된 AV 및 컴퓨팅 장비에 대한 기술 지원 서비스를 제공. 기타 서비스로는 AV 장비 대여 카운터 운영, 특별 행사 준비 서비스 제공, 특별 프로젝트에 대한

기술 컨설팅 제공 등.

- **비학업지원 서비스**

I·CARE 프로그램

2011년에 시작. I·CARE 프레임워크를 기반으로 학생들에게 비공식 전인 교육을 제공하는 데 전념. "반성을 통한 열망;시민성을 통한 갱신", I·CARE 프로그램은 학생들이 사회 및 시민 서비스에 적극적으로 참여하도록 영감을 주는 것을 목표. 또한 학생들이 지역 및 글로벌 커뮤니티에서 사람들의 웰빙을 향상시킬 수 있도록 학생들의 전체론적 역량을 공개하는 것을 촉진.

- **e러닝**

ELITE

기술을 통한 교육의 글로벌 리더로서의 CUHK의 위상을 높이는 중심 허브가 되기 위해.

- 비전
  - CUHK의 eLearning 관행 및 교육 기술에 대한 문화 및 역량을 내부 및 외부적으로 개발 및 홍보
- 교육적 지원
  - 교육용 멀티미디어 제작
  - MOOC 개발
  - 교수 설계 지원

- 온라인 학습

- STUDIO
  - 2개의 방음 녹음 스튜디오와 1개의 다목적 개방 공간(2개의 편집 워크스테이션 포함)이 있음. 교사는 두 스튜디오를 사용하여 프로젝트 요구 사항에 따라 컴퓨터 기반 프레젠테이션 또는 고품질 촬영을 제작할 수 있음.

출처:http://www.elite.cuhk.edu.hk/

uReply

학습을 위한 상호 작용을 용이하게 하도록 설계된 모바일 장치와 함께 사용하는 웹 기반 학생 응답 시스템(SRS)

- 교실에서 다양한 유형의 상호 작용을 촉진하여 교수 및 학습 역학을 변화시키려는 비전. 교사는 향상된 의사소통으로 인해 학생의 요구사항과 학습 진행 상황을 더 잘 이해할 수 있음.

출처:홍콩중문대학교 홈페이지

● 국제 연구 협력

CUHK는 국제적 위상을 높이고 연구 및 기술의 최전선을 발전시키기 위해 교수진과 학생들이 국제 연구 협력을 구축하도록 장려하는 데 전념하고 있다.

1 미국 베일러 의과대학

CUHK와 BCM은 임상 유전 훈련, 산전 진단 및 관련 분야에서 협력하고 있다. 의학 유전학에 대한 CUHK-BCM 공동 센터유전 및 게놈 기술에 대한 최첨단 연구를 수행함.

- 유전 질환의 스크리닝, 진단 및 치료;질병의 근본적인 유전 메커니즘의 발견. FetalSeqv1.0은 홍콩에서 알려진 거의 모든 미세결실 및 미세중복 증후군의 산전 및 산후 진단에 사용되는 보다 포괄적이고 새롭고 정확한 태아 DNA 검사 방법이다. 새로운 연구는 반복 유산이 있는 부부의 염색체 이상을 찾기 위해 저역 통과 게놈 시퀀싱을 사용하여 불임 환자를 돕는 유전학의 근본적인 역할을 확립함.
  - 협업 영역:유전, 게놈 및 정밀 의학

2 ETH 취리히, 스위스

ETH Zurich는 세계 최고의 엔지니어링 기관 중 하나이며 나노 기술의 선구자임. 두 대학은 수년에 걸쳐 의료 혁신 및 생물 의학 공학, 특히 나노 로봇의 개발에 전념해 왔음. 혁신적인 기술을 공동으로 개발하고 환자에게 혜택을 주기 위한 의료 발전은 달성하기 위해 몇 가지 동맹이 체결됨. 이외에도 두 대학은 스마트 시티 및 건축 관련 연구에서 협력.

- 협업 영역 : 혁신적인 의료기기 ; 스마트하고 지속 가능한 도시/건축

3 임페리얼 칼리지 런던, 영국

Imperial은 의학 및 공학 분야에서 엄청난 강점을 가진 세계 최고의 대학 중 하나로 간주됨. 환자 치료 및 웰빙의 미래를 재편할 수 있는 의료 솔루션 및 기술 혁신에 대해 Imperial의 글로벌 건강 혁신 연구소와 협력함.

- 협업 영역 : 혁신적인 의료기기

4 독일 뮌헨 루트비히-막시밀리안 대학교

CUHK는 특히 의학과 같은 다양한 과학 분야에서 협력을 구축하는 것을 목표로 하는 LMU-중국 학술 네트워크(LMU-CHaN)의 회원. 두 의학부는 소아 천식과 간 손상에 대한 연구를 발전시키기 위해 협력하고 있음.

- 협업 영역 : 유전, 게놈 및 정밀 의학 ; 영어 ; 저널리즘 및 커뮤니케이션 ; 정치학

5 영국 맨체스터 대학교

CUHK와 맨체스터는 두 대학 간의 다양한 규모의 연구 협력을 촉진하기 위해 종자 욕수수 기금과 전략적 연구 기금으로 구성된 공동 연구 기금을 제공. 첨단 소재, 암, 에너지 및 기후 변화, 환경 및 공중 보건, 미래 도시 등의 분야에서 협력을 촉진하기 위해 12개의 종자-옥수수 프로젝트가 수여되었으며, 환경 및 지속 가능성뿐만 아니라 중개 생물의학 분야에서 3개의 프로젝트가 수여되었음.

• 협업 영역 : 두뇌와 마음 ; 화학 ; 기후 변화 ; 스마트하고 지속 가능한 도시

6 호주 멜버른 대학교

멜버른은 호주 최고의 대학 중 하나이며 교육 및 연구 분야에서 높은 지위를 누리고 있음. Peking University와 공동으로 지역 사회 정신 건강 서비스에 대한 교육을 제공하는 것 외에도 두 대학은 Coursera에 대한 두 개의 MOOC와 염증성 장 질환에 대한 다국가 연구를 시작.

• 협업 영역 : 두뇌와 마음 ; 컴퓨터 과학 ; 소화기 질환

7 호주 시드니 대학교

두 대학은 양의학과 한의학을 결합한 치료법 개발을 위한 새로운 기술과 관행을 도입하기 위해 통합 의학을 위한 분석 및 임상 협력 연구소를 운영하고 있으며, 두 대학의 전략을 강화하는 공동 이니셔티브를 지원하기 위해 USyd-CUHK Partnership Collaboration Awards를 운영. 생명공학, 유전학, 해양생태계, 행성건강, 이주 등 다양한 분야의 10개 프로젝트 지원.

• 협업 영역 : 빅데이터 및 통합 의학 ; 심혈관 질환 ; 당뇨병

8 영국 케임브리지 대학교

2개 국어 공동 연구실인 Clare Hall Visiting Fellowship

Program, CUHK의 MBChB Programme Global Physician-Leadership Stream에서의 협력이 있음. 최근에는 글로벌 인문학, 이중 언어에 대한 케임브리지-CUHK 공동 연구소 언어적으로 다양한 이중 언어 및 다중 언어 상황에서 중국어의 습득에 중점을 두고 이중 언어 사용 연구를 촉진하는 것을 목표로 함.

- 협업 영역 : 두뇌와 마음 ; 인문학

9 영국 엑서터 대학교

Exeter는 기후, 환경 및 보건 교육 분야에서 세계를 선도하고 있음. 주목할 만한 협력에는 홍콩의 PROTECT 연구와 CUHK-Exeter 환경 지속 가능성 및 복원력을 위한 공동센터(ENSURE)가 있음.

- PROTECT : 뇌가 노화되는 방식을 이해하고 중년의 치매 위험에 영향을 미치는 요인을 조사하는 것을 목표로 하는 Exeter와 King's College London의 코호트 연구. 연구를 통해 문화적 차이와 도시 인구에 맞게 조정하는 데 도움이 되는 주요 라이프스타일 요소를 살펴볼 수 있다. ENSURE는 변화하는 환경과 인간의 건강 및 웰빙과 관련된 새로운 문제를 해결하는 것을 목표로 하는 홍콩 최초의 공동 센터.
  - 협업 영역 : 환경 및 지속 가능성 ; 두뇌와 마음

10 영국 옥스퍼드 대학교

중국과 힌두교 연구에 협력. 생명윤리 ; 신경 과학 ; Fudan University 및 Peking University와 함께 재난 대응 및 대기 오염 및 건강 결과에 대한 다자간 연구 프로그램을 포함하여 공중 보건 영역에서 다양한 작업을 수행.

- 협업 영역 : 노화 ; 생명윤리 ; 두뇌와 마음 ; 중국 연구 ; 기후 변화 ; 재난 및 의료 인도적 대응 ; 환경 건강 ; 유전, 게놈 및 정밀 의학

11 영국 사우샘프턴 대학교

두 학교 모두 Worldwide Universities Network의 회원, CUHK-사우샘프턴 줄기세포 및 재생 의학 공동 연구실을 운영.

- 협업 영역 : 줄기세포 생물학 및 재생 의학

12 네덜란드 위트레흐트 대학교

- 협업 영역 : 자폐증 및 신경과학 ; 면역생물학 ; 스마트하고 지속 가능한 도시 ; 이주 ; 공중 위생 ; 줄기세포 생물학 및 재생 의학 ; 청소년 발달

출처 : 중국중문대학교

- **APRU 가상 학생 교환 프로그램 VSE 시즌 1(2021~22)**

환태평양 대학 연합(APRU) 가상 학생 교환(VSE)은 글로벌 교육의 돌파구이다. 온라인 플랫폼과 첨단 기술을 활용하여 여행할 필요 없이 교환에 참여할 수 있는 기회를 제공.

- VSE : 학생들이 APRU 회원 대학에서 제공하는 공동 교과 과정 프로그램에 참여할 수 있는 기회를 제공. 전 세계 50개 이상의 주요 대학 네트워크를 통해 학기 내내 진행되는 문화적 몰입, 글로벌 리더십, 경력 계획 및 사교 프로그램을 통해 전 세계의 동료들과 연결할 수 있음.

- **Global Online cademic L의 프로그램**

혁신적인 기술 발전으로 글로벌 교육은 재창조되었으며 더 이상 물리적 여행에 국한되지 않음. CUHK에서 협력저인 국제 학습을 증가시키기 위해 우리는 전 세계 최고의 기관 및 조직과 협력하여 학생들이 집을 떠나지 않고도 다양한 배경의 동료와 연결하고 학문과 문화의 세계를 발견할 수 있는 GOAL 프로그램을 제공함. CUHK 풀타임 학부생으로서 추가 수업료 없이 이용할 수 있음.

출처 : Office of Academic Links

홍콩대학교
(HKU)

교육/학습

- **MOOC**

  홍콩 대학교(HKU)는 2014년 말부터 일련의 MOOC(대규모 공개 온라인 과정)를 출시. University of Hong Kong의 세계적으로 저명한 교수들이 설계하고 가르치는 이러한 양방향 MOOC는 자기 주도형 비디오 강의, 온라인, 토론 그룹 및 평가 연습. 등록은 전제 조건 없이 모두에게 열려 있음.

- **Gallant Ho Experiential Learning Center(GHELC)**

  체험 및 '교실 밖' 학습을 공식 커리큘럼에 통합하는 것은 전문 프로그램의 표준 관행이며 HKU의 비전문 프로그램에서 점차 공식화되고 있음. 동문이자 오랜 후원자인 Gallant Ho Yiu Tai 박사의 Gallant Ho Experiential Learning Center(GHELC)는 2012년 3월에 설립되어 다양한 국내외 파트너 네트워크와 협력하여 혜택을 받았음.

지원

- 학생 및 지역사회 구성원
- 매년 10개 학부의 최소 1000명의 학생들이 경험적 학습 프로젝트를 완료하도록 지원
- GHELC는 HKU에서 체험 학습을 촉진하는 것을 목표로 하며 홍콩 안팎의 커뮤니티 파트너와 협력하여 다양한 분야의 HKU 학생들을 위한 프로젝트를 식별
- 체험 학습을 위한 최신 교수법과 평가 방법을 개발
- 서비스 학습 기회를 제공:CEDARS의 학생 개발 프로그램은 학생들이 국내외 자원 봉사에 참여할 수 있도록 지원. 재정 지원은 SERVICE 100 펀드를 통해서도 가능

프로그램

①다문화 웰빙:이야기, 예술 및 영화를 통한 학생 경험
U21 파트너인 호주의 퀸즐랜드 대학교(UQ) 학생 10명과 HKU 학생 10명을 연결하여 가상 협력 교환을 통해 캠퍼스 환경 내에서 스트레스와 웰빙에 대처하고 리소스를 활용하는 방법을 식별하고 공유

②Inner Deep Bay의 지속 가능성 문제의 복잡성 이해

학생들이 갈등에 대해 더 잘 이해할 수 있도록 공통 핵심 과정(CCST9035 과학 관련 사회 문제 이해하기)으로 양어장 현장 방문이 구성

③홍콩 마을 활성화의 새로운 모델

마을 활성화는 지속 가능한 농촌을 개발하는 메커니즘

- **교육 및 학습평가 및 측정단위(T&LEMU)**

4년제 학부 커리큘럼 운영위원회는 증거 기반 접근 방식을 채택하여 대학이 학생 학습에 대한 대규모 설문조사를 실시하도록 요구하는 방향을 설정. 2008년 시범 운영 후 첫 번째 학부 학생 학습 경험 설문지가 출시. 교육 및 학습 향상 센터에 기관 조사팀이 설립되어 소속. 학생 학습 경험 설문지는 이후 대학원생 및 졸업생 및 졸업생의 고용주와 같은 기타 이해 관계자에게 도입.

학생 학습 경험 설문조사(SLEQ)

- 설문조사 결과는 분석되어 개별 학부 또는 프로그램에 피드백됨.
- 학장, 부학장, 프로그램 책임자 및 관련 직원과 토론하여 교과 과정 및 교육학 모니터링 및 갱신을 위해 발견 사항에서 발생하는 문제를 해결. 향후 학생들은 커리큘럼과 학습을 공동으로 구성하는 데 필수적인 역할을 담당하므로 보다 적극적으로 참여하게 될 것.

국제화, 경험 학습, 공통 핵심 커리큘럼 및 영어 향상의 주제를 포함하되 이에 국한되지 않는 기관 전반에 초점을 둔 검토에 반영.

출처 : University of Hong Kong

- **Technology-Enriched Learning Initiative 科創習新(TELI)**

University of University의 교육 및 학습 인프라에 속한 e-러닝 기술자, 교육 디자이너, 멀티미디어 전문가, 소프트웨어 엔지니어, 게임 개발자, 연구원 및 협업 동료로 구성된 팀.

임무

HKU 전반에 걸쳐 기술이 풍부한 교수 및 학습(e-learning)을 전시, 촉진 및 개선하는 것. 교육을 확장하고 학습을 확장하는 데 있어 이해 관계자와 진정한 파트너십을 구축하는 도구로 기술을 사용하기를 희망.

기술

지난 수십 년 동안 우리가 의사소통하고 정보에 액세스하는 방식을 지속적으로 개발하고 변경. 학생들은 새로운 학습 방법으로 우리에게 오고 교사는 학생들의 지적 능력을 개발하기 위해 새로운 방법으로 대응해야 함.

네 가지 주요 목표

①고품질 온라인 학습 리소스 제공

모든 학부가 e-러닝 모듈, 온라인 과정 및 거꾸로 교실을 개발할 수 있도록 지원함. 교육 및 학습, 교육 이니셔티브 홍보 및 이벤트 녹화를 지원하기 위해 전문적인 비디오 및 멀티미디어 자료를 제작.

②e-러닝 설계, 분석 및 개발의 잠재력 극대화

e-러닝 및 교육 개발 프로젝트(예:TDG)에 대한 개별 상담을 제공. 웹 및 모바일 앱 디자인뿐만 아니라 시스템 개발을 적극적으로 탐구.

③e-러닝 인프라 개선

효과적인 학습을 위해 HKU에서 시스템과 플랫폼을 개발 및 개선하고 학습을 더 나은 방향으로 변화시키는 최신 기술을 도입하는 것을 목표.

④e-learning을 통해 열정적인 교육자들을 연결

교육 혁신을 주도하는 데 있어 파트너십과 실천 공동체의 가치를 봄. 대화를 계속하고 기술이 풍부한 T&L에 대한 새로운 관점을 발견하기 위해 세미나, 워크숍 및 온라인 자체 도움말 리소스를 조직.

- **TIPS(Teaching Innovation Production Studio)**

촬영이나 녹음 등 멀티미디어 제작을 위한 고품질 환경. 이 스튜디오에서 TELI의 전문적인 멀티미디어 지원 및 자문

서비스를 통해 자신만의 비디오를 제작.

스튜디오 전체는 Chi Wah Learning Commons 근처에 위치한 대규모 학습 공간 재구성.

출처:TELI

- **주립 핵심 연구소**

HKU에는 현재 중국 본토의 SKL과 협력하고 긴밀하게 협력하는 5개의 국가 핵심 연구소(SKL)가 있음.

- SKLs, 두뇌 및 인지 과학 및 감염증 신흥은 2005년에 설립
- 2010년에 Liver Research와 Synthetic Chemistry라는 두 곳이 더 설립
- 다섯 번째는 제약 생명공학 분야

- **CAS-HKU 공동 연구실**

현재 중국 본토에 위치한 중국과학원(CAS) 연구소와 5개의 공동 연구소를 운영하고 있습니다. 1997년에 New Materials에 관한 최초의 공동 연구실이 설립되었고, 1999년에 Chemical Synthesis, 2000년에 Chemical Geodynamics, 2011년에 Biomaterials 및 Stem Cell and Regenerative Medicine에 대한 2개의 공동 연구실이 추가로 설립.

출처:홍콩대학교

Chapter 13

이탈리아

폴리 테크닉 대학교
(디자인특화대학)

혁신

프로그램

- 밀라노 폴리 테크닉(The Politecnico di Milano)은 1863년 밀라노의 걸출한 부호 가문의 학자와 발명가들이 설립했다. 이곳은 엔지니어링, 건축, 산업 디자인에서 가장 뛰어난 프로그램을 가진 학교 중 하나로 알려졌다. 이탈리아어로 폴리 테크닉은 원래 엔지니어링과 건축 분야에 관련된 프로그램만 있는 학교를 의미하는데, 현재 16개의 연구실과 9개의 학교로 구성된 밀라노 폴리 테크닉은 엔지니어링과 건축뿐만 아니라 산업 디자인 과정까지 운영한다. 4만여 명이 재학중인데, 이 분야에서는 이탈리아 최대 규모를 자랑한다.

전공과목

디자인 관련 학사 과정 건축과 빌딩 설계, 건축 과학, 환경 건축(Built Environment Architecture), 도시 계획, 빌딩 건축, 커뮤니케이션 디자인, 패션 디자인, 가구 디자인, 산업 디자인, 인테리어 디자인, 제품

디자인

디자인 관련 석사 과정 건축, 도시 설계와 정책 디자인, 빌딩 건축, 커뮤니케이션 디자인, 요트와 크루즈선 디자인, 디자인과 엔지니어링, 패션 디자인, 가구 디자인, 산업 디자인, 인테리어 디자인, 제품 서비스 시스템 디자인

미래전략(비전)

- 모든 영역의 디자인 특화 대학으로 건축디자인에서부터 요트와 크루즈선 디자인까지 디자인 특화 과정을 확대 강화하려 한다.

도무스아카데미

- 이탈리아 밀라노에 위치한 도무스아카데미는 디자인을 특화한 전문대학원으로 디자이너 양성의 특화 대학이다.

- 1982년 이탈리아의 명망 있는 디자이너들에 의해 설립된 최초의 디자인 전문대학원이다. 디자인사관학교로 널리 이름이 나 있으며, 현재 현업에서 활발하게 활동하고 있는 많은 디자이너를 배출한 학교이다.

이탈리아 ICIF 요리대학[1]
(Italian Culinary Institute for Foreigners)

- ICIF는 전문적이고 집중적인 요리교육으로 현지 레스토랑 인턴실습을 통해 실질적인 경험을 쌓을 수 있는 정규마스터과정과 전문요리사를 위한 브레베코스를 통해 개교 이래 현재 28개국의 3000여 명이 넘는 전문요리사를 배출했다.

- 자연친화적인 맛으로 사랑받는 이탈리아 요리를 전 세계에 전파할 셰프를 양성하기 위해 설립됐다.

- 교육과정은 크게 두 코스. 1년동안 전문적인 이탈리안 요

---

1 최현태, 외국인을 위한 이탈리아 최고요리학교 ICIF를 아십니까 [최현태 기자의 푸드홀릭], 세계일보, 2018.12.21.

리교육을 집중적으로 받으며 현지 레스토랑 인턴 실습까지 거쳐 실질적인 경험을 쌓을 수 있는 정규 마스터 과정과 전문요리사와 요리 관련 종사자를 위한 브레베 코스로 수업이 진행된다.

- 나라별로 동시통역 수업이 진행되기 때문에 언어 장벽 없이 수업에만 몰두할 수 있다는 점도 매력이다.
- 수업 인원은 최대 24명으로 제한하고 조리대, 조리대 부착 비디오, 와인과 올리브 실습실 등 완벽한 1인 1시설을 갖췄다. 또 수업 기간 동안 숙식이 모두 제공되는 기숙사에서 지낼 수 있다.

이탈리아 음악대학 밀라노 음악원[2]

- 음악을 자신의 직업으로 하고자하는 학생은 따라야 할 훈련 시스템을 선택해야 한다. Milan Conservatory의 경우 교육 제공 계획은 I과 II 레벨 사이의 100개 이상의 학술 디플로마 과정이 있다.

- "G. 밀라노의 베르디"는 음악의 세계에 들어가는 젊은 인재를 양성한다. 연중 내내 활동하는 음악원의 제작실은 연구소 내에서 제작 활동을 조직할 뿐만 아니라 학생들이 함께 참여하는 모습을 볼 수 있는 공개 콘서트의 경우 혼자 또는

---

2 대학 사이트 참조.

실내악과 오케스트라 형태로 공연하도록 한다.

- 뿐만 아니라 다른 음악 제작 기관과의 협업 계획을 실현하여 학생들이 주요 콘서트 시즌/밀라노 페스티벌에 공연하도록 한다.

혁신

- 밀라노 음악원은 연간 200개 이상의 공개 제작물 형태를 만든다.
밀라노 음악원에는 미셸 마리오 티, 페드로 아마 랄, 안토넬로 알레 만 디, 로베르트 아바도, 마르코 귀 다리 니, 알레산드로 봄 보나티, 피에트로 미아 니티가 지휘하는 학생으로만 구성된 자체 심포니 오케스트라가 있다. 항상 학생들로만 구성되어 있다.

- 전문 앙상블과 오케스트라가 연주한 작품을 들을 수 있는 독특한 기회를 가진 Milan Conservatory의 작곡 학생을 위해 마련된 공간으로 제작 제안이 풍부해진다. 특히, 모든 학업 시험은 1단계와 2단계 모두 정확한 전문 앙상블에 의한 작품 연주로 끝난다. 대규모 오케스트라를 위한 작품으로 2년 동안의 마지막 테스트에서는 밀라노의 laVerdi

Symphony Orchestra의 작품성을 볼 수 있다.

- 밀라노의 베르디(Verdi)에서 잘 알려진 많은 교수들은 다양한 악기, 작곡, 전자 음악, 음악학에 전념하는 총 약 40회의 연례 약속을 위해 마스터 클래스와 세미나를 개최한다.

미래전략(비전)

- 지휘 과정에는 밀라노의 laVerdi Symphony Orchestra와 함께하는 일련의 리허설이 포함된다. 합창단은 전문 합창단과 일부 세션을 진행한다. 밀라노 음악원의 학생들을 현장의 중심에 두는 생산 활동 외에도 밀라노 음악원이 학생들의 보살핌과 복지를 달성하기 위해 설정한 목표다.

Chapter 14

대만

대만 대학교

● TSMC(대만 반도체 제조기업) - 대만대 공조, 20년 뒤 시장주도 기술 준비[1]

혁신

● 모바일 기기, 반도체 등 첨단산업 분야에서 한국과 경쟁하는 대만이 국가 차원에서 차차세대 기술 개발을 지원한다.

---

1 류성무, "삼성에 맞서자"… 대만, 산학협력으로 도전장, 아시아타임즈, 2013.07.24.
대만 대학교 홈페이지, 2021 ; 2018.

- 대만 행정원 산하 국가과학위원회는 대만 TSMC와 대만 대학교의 미래 첨단 반도체 기술개발 사업을 국가 지원 '산학대협력 프로젝트'로 선정했다.

- TSMC는 세계 최대 반도체 파운드리(수탁생산) 업체로 삼성전자와 해당 분야에서 경쟁을 벌이는 기업이다. 애플에 모바일 기기 핵심 부품인 애플리케이션 프로세서(AP)를 공급하는 문제를 놓고도 양사는 최근 신경전을 벌이고 있다.

- TSMC와 대만대는 앞으로 7나노미터, 5나노미터급 초미세 반도체 공정기술 개발에 협력할 것으로 전해졌다.

- 이 연구 프로젝트에는 두 조직뿐만 아니라 대만 내 관련 분야 주요 대학 연구소와 민간 연구기관 등 모두 9개 기관에서 30명의 엘리트 학자들이 참여한다.

- 대만은 이를 통해 5년 내에 시장을 주도할 수 있는 최첨단 기술을 개발하고, 20년 뒤 3000억 달러(약 330조 원) 규모로 추산되는 반도체 파운드리 시장 선점을 목표로 제시했다.

- 국가과학위는 삼성전자와 TSMC의 경쟁 상황을 언급하면서 삼성을 직접 경쟁 상대로 지목했다.

- 위원회는 "최근 한국, 중국 기업과의 경쟁이 심화하면서 신기술의 중요성이 높아지고 있다"는 점을 중요시하고 있다.

- 대만의 하이테크 상품 수출은 지난해 기준으로 980억 달러(약 110조 원) 규모다. 이는 대만 국내총생산(GDP)의 20%에 해당한다. 이러한 하이테크 분야에 대만 대학이 핵심적 역할을 수행하고 있다.

Chapter 15

—

핀란드

Team Academy

개요

- Team Academy(Tiimiakatemia)는 1993년 학생들을 가르치지만 배움은 일어나지 않는 상황을 개선하고자 강의실에서 책상을 빼 내고 동그랗게 앉아서 배움의 공동체를 이루었던 것이 시작이 되었으며, 핀란드의 이위베스퀼레(Jyväskylä) 대학의 경영학 학사과정으로 처음 운영되었다.

- Team Academy는 학생, 교수, 강의실, 수업이 없는 대신 학습자, 팀코치, 팀학습, 기업과 고객으로 구성하여 팀 중심으로 실제 기업을 운영하는 방식으로 창업교육이 이루어진다.

혁신[1]

운영 현황

- Team Academy의 기본 철학은 아래와 같으며, 도입 시 기본적인 철학은 유지하되 도입하고자 하는 대학 또는 조직에 맞춰 차별성 있게 적용하는 유연성을 가지고 있다.
  - 수업을 듣는 학생은 없고, 팀이 있다.
  - 수업하는 강의실은 없고, 24시간 개방되는 사무실이 있다.
  - 가르치는 교육의 방식은 없지만 배움은 있다.
  - 교수는 없지만 팀 코치는 있다.
  - 시뮬레이션을 대신하는 실제 비즈니스를 실행한다.
  - 학생들을 통제하는 대신, 스스로 조직할 수 있도록 한다.

- Team Academy의 학제구성은 이론 프로그램과 실행 프로그램으로 구성되며, 각 년마다 학생들은 실제 비즈니스 프로젝트를 수행하며 수익을 창출하는 과정으로 이루어진다.
  - 강의식 교육은 운영되지 않으며, 각 팀의 실전 창업 과정을 팀코치들이 밀착 모니터링하는 방식으로 진행된다.

---

1 산학협력 관련 국외 주간 정책 동향, 경상대학교 산학협력정책연구소, 2020.05.

- 핀란드 Team Academy의 경우 3.5년 동안 총 210학점을 수료하게 되며, 대학의 교육과정으로 운영하여 학위도 취득 가능하다.

년차	테마	주요주제	학습자의 역할	팀코치의 역할
0-1	Starter(시작)	Learning to learn (학습방법 배우기)	Observer (관찰자)	Director (디렉터)
1-2	Experiments (실험)	Leadership (리더십)	Doer (행위자)	Question maker (질문제기)
2-3	Finding One's Path (길 찾기)	customers (고객)	Specialist (전문가)	Resource finder (자원발견)
3-3.5	Direction (지휘, 감독)	Innovation (혁신)	Result make (결과 도출자)	Expert (전문가)
3.5-	Entrepreneurship (기업가정신)	as needed (필요한 경우)	Entrepreneur (기업가)	as needed (필요한 경우)

과정구분	학점	주요내용
기초 과정	60	• JUAS-학제 간 연구(21학점) : 오리엔테이션, 언어, 커뮤니케이션 등 과정 • 팀 아카데미 기본 연구(39학점)
전문가 과정	90	• 전체참여 과정(60학점) : 18개 모듈, 로켓모델 과정(C, L, I, B) • 선택 과정(30학점) : 프로젝트 및 팀 아카데미 특별 프로그램(리더십, 마케팅, 혁신)
선택 과정	15	• 학생들이 선택한 JUAS 유닛 과정
실습	30	• 5개 테마 모듈(각 5학점)
학사논문	15	• 학사논문 및 졸업시험

E: Entrepreneurship **C**: customers & marketing **L**: leadership
I: innovation & knowledge management **B**: brands & strategy

- 팀코칭을 통해서 운영되고 있는 만큼 팀코치의 역량에 따라 교육 수준이 좌우되어, 팀코치 양성 프로그램도 함께 운영하여 팀코치 양성에도 힘쓰고 있다.

글로벌 확산 및 교류 현황

- 현재(2020년) 팀 아카데미는 20개 국가에 확산(핀란드, 스페인, 영국, 프랑스, 네덜란드, 탄자니아, 페루, 헝가리, 호주, 브라질, 중국, 인도 등).

- 스페인 : 몬드라곤 대학 내 프로그램을 개설(대학 학제에 적용)

- 영국 : 단체를 설립한 후 학제 편입(아카데미아 회사 설립), 런던 웨스트 민스터 대학교, 노섬 브리아 대학교 서부 대학교 등

- 프랑스, 네덜란드, 아르헨티나, 브라질 : 교육 기관 설립 후 교육부 승인

- 탄자니아, 페루 : 핀란드 정부의 지원 하에 탄자니아 이랑가 대학교에 적용, 네덜란드 팀 아카데미 3.0과 페루 앙트러프러너십 국제학교를 페루에 설립(외부지원)

미래전략(비전)

- Team Academy는 전통적인 교육학적인 관점에서 벗어나서 다양한 학습도구를 활용하여 실제 창업을 하며 팀기업가(Teampreneur)로 성장할 수 있도록 운영하고 있으며, 혁신적 창업교육모델로서 전 세계적으로 확산되고 있다.

- Team Academy의 창업교육 프로그램은 팀 기반으로 실질적 경험을 통한 현장기반 교육이며, 팀코치 양성프로그램도 함께 운영하여 입체적이고 효율적으로 운영되는 측면이 국내 대학의 창업교육과는 차별화된다.
  - 국내의 대학에서 창업교육이 실전 창업으로 이어질 수 있도록 노력하고 있지만 여전히 상당수 대학이 이론적, 형식적 교육 형태로 이루어지고 있다.

Chapter 16

노르웨이

노르웨이 과학기술대학교

개요

- 산학협력 친화형 대학원 과정을 운영하며 중요한 연구 영역으로는 에너지, 건강, 해양, 그리고 지속가능성(sustainability)이다.[1]

- 트론하임(Trondheim)에 대학본부를 두고 있는 노르웨이 과학기술대학교(The Norwegian University of Science and Technology)는 노르웨이의 여러 도시에 캠퍼스가 분산되어 있는

---

1 www.ntnu.edu(노르웨이 과학기술대학교 홈페이지), 2021.

56개 학과로 구성된 종합대학이다. 특히 공학과 경영학에 특성화되어 활발한 산학협력을 추진하고 있다(경상대, 2020).

- 노르웨이 과학기술대학교가 운영하는 대표적인 교육프로그램은 공과대학에 개설된 산학협력 친화형 대학원 과정인 글로벌 제조 및 경영(Global Manufacturing Management, GMM) 프로그램이다. 이 프로그램의 특징은
  - 기계산업공학과, 산업경제학과 및 기술경영학과가 협력하여 운영하고 있다는 점
  - 세계화에 초점을 두고 글로벌 테크 기업 내에서의 관리 및 리더십 함양이 목적을 두고 프로그램 전반에 걸쳐 세계 각국의 경제·문화·정치적 동향과 전문지식 습득에 중점을 두고 있다는 점
  - 2년간의 석사학위 과정동안 전략, 산업 경제, 생산, 물류 및 기술 관리 과정을 결합하여 엔지니어링 전문지식을 함양해 엔지니어링 전문지식에 더해 경영전략, 산업경제, 생산 및 물류, 기술관리 등의 지식을 학습한다는 점이다.

혁신

- 학생의 국적에 관계없이 별도의 수업료는 없으며, 수업은 영어로 진행한다. 학기는 매년 8월에 시작하고 연간

6000~7000유로의 예산으로 운영되고 있다.

- 노르웨이 과학기술대학교는 산업계에 최고의 졸업생을 제공하는 것을 목표로 글로벌 제조 및 경영 프로그램을 통해 새로운 인재양성을 위한 창구로 활용한다. 기업과 산업 및 정부기관의 유익한 협력을 통한 대학 교육 활동을 강화하기 위해, 교수진과 운영학과 및 프로그램에 기업의 참여를 추진한다.
  - 글로벌 제조 및 경영 프로그램은
    - 기계산업공학과는 물류, 기계 설계, 제품 개발 및 재료 분야의 교육역량을 가지고 있으며, 생산 시스템 및 산업 프로세스의 개발 및 최적화, 개선에 대한 연구에 중점을 둔다.
    - 산업경제 및 기술경영학과는 다양한 기술경영분야의 교육 프로그램과 연구 프로젝트를 제공한다. 학생들은 기술 기반 조직을 개발하고 관리하는 방법을 교육받는다.
    - 교수진은 다양한 과학 및 기술 분야의 박사 및 석사 수준의 공학 프로그램을 제공한다. 학생들은 30개 이상의 프로그램과 여러 전문 분야를 선택할 수 있다.
  - 이 프로그램에서 기업은 학생들의 석사학위 논문을 위한 논문 주제와 관련된 프로젝트를 제공하고, 프로젝트와 교과과정의 관련성을 높이고 향후 학생의 고용 가능성을

확보하기 위해 각 프로그램 내용에 대해 담당 교수진과 지속적으로 지도와 관리를 받는다.

- 학생들은 3학기 동안 정규과정을 공부하는 대신에 대학교와 협약한 기업의 전문화 프로젝트에 참여를 선택할 수 있다.

● 글로벌 생산·물류 분야의 교육 특화를 위해 이 프로그램을 제공하고, 글로벌 제조 및 경영 프로그램은 공학 지식을 바탕으로 경영학 지식을 습득하기 위해 생산관리 전공과 구매관리 전공을 운영하고 있다(노르웨이 과학기술대, 2021).

• 현장기반의 경영학 지식은 노르웨이 및 글로벌 기업의 연구 프로젝트 사례를 바탕으로 학생들이 이론적 내용의 토론을 통해 습득하게 된다.

  - 생산관리 전공은 산업 가치 사슬 내에서 생산 및 물류를 개선하기 위한 이론, 모델, 시스템 및 솔루션에 중점을 두고 있다.
  - 구매관리 전공은 공공 및 민간 부문의 구매 및 물류를 개선하기 위한 이론적 개념, 모델, 프레임 워크 및 전략에 중점을 두고 있다.

● 학위 논문은 공학적 지식을 바탕으로 한 국제경영에 관련된 주제의 논문을 진행하고, 실제 산업현장과 직접적으로 관련 있는 실용적인 연구주제를 가지고 논문을 진행한다.

- 석사 논문의 내용에는 필수적으로 기술의 글로벌화와 관련된 주제에 대한 과학적 조사가 포함되어야 한다.
- 다양한 이론적 지식(프로젝트 관리, 공급사슬관리, 제품 전략, 운영 관리, 기술과 ICT 관리)을 포함하되, 실제 산업문제 해결에 해당 이론들이 적용되도록 해야 한다(경상대, 2020).

- 이 과정을 이수한 대다수의 학생들은 재학 중 또는 졸업 직후에 관련 기업으로부터 취업 제안을 받는다.
  - 프로그램의 3학기에 프로젝트 참여와 석사 논문 작성을 통해 기업체 및 기업대표자와의 네트워크가 연결된다.
  - 학생들은 프로젝트 참여하는 동안 기업에 대해 알 수 있는 기회를 제공받는다.

미래전략(비전)

- 최근 대학이 산업수요를 고려한 교육과정 운영 및 현장실습 강화에 중점을 둔 산업교육 다양화 및 내실화를 통한 맞춤형 인재양성에 초점을 두고 다양한 교육훈련 프로그램 제공 및 지원을 위한 산학협력 체계를 구성해나가고 있다.

- 노르웨이 과학기술대학교의 글로벌 제조 및 경영 과정(GMM) 사례는 기업의 맞춤형 산업교육을 통한 인재양성

프로그램 운영과 기술 기반의 공학 지식에 조직의 관리와 전략을 위한 경영학 지식 함양 프로그램 운영에서 의미 있는 시사점을 제공한다.

Chapter 17

—

덴마크

덴마크 알보그 대학교

- 대학생 창업을 촉진하기 위한 지원프로그램[1]

- 1974년 설립된 덴마크의 알보그 대학교(Aalborg University)는 대학생 창업과 관련된 전문화된 기업가정신 프로그램으로 우수한 성과를 창출하고 있다.
  - 알보그 대학은 대학생이 새로운 벤처 창출의 주역이라고 보고, 기업가정신 지원센터(Supporting Entrepreneurship at Aalborg University)를 설립하여, 기업가정신 교육프로그램 및 창업지원 프로그램을 개발·운영하고 있다(경상대, 2020).

---

1 www.en.cph.aau.dk(알보그대 홈페이지), 2021.

- AAU센터
  - AAU(알보그 대학교 산학연협력센터)는 인턴십 프로그램과 직업 데이터베이스를 운영하며 산학연협력을 적극 추진하고 이를 바탕으로 기술 지원 등도 이루어진다.

- TTO(Technology Transfer Office)
  - TTO에서는 발명과 혁신 그리고 기술 이전과 출수 등을 지원하고 통합적으로 관리하는 체제로서 알보그 대학의 특징 중 하나이다.

- SEA센터[2]
  - SEA센터는 2002년에 설립된 알보그 대학의 연구혁신처 산하 센터로, SEA센터의 주요 목표는 알보그 대학의 모든 구성원들이 기업가정신 교육프로그램을 통해 기업가적 역량을 갖추고, 창업지원 프로그램을 활용하여 언제든 창업할 수 있도록 지원하는 것이다.
  - 특히, 대학생의 창업역량을 강화하기 위해 기업가정신 교육프로그램을 대학 정규 교육과정으로 개발하고, 특정

2 경상대, 산학협력 주간동향, 2020.04.

교과목에 포함하여 운영할 수 있는 단위 프로젝트로 개발한다.

- 교육과정 및 프로젝트 개발을 위해 SEA센터 연구원과 교수진이 협력하여, 문제기반학습(Problem-based learning)방식으로 다양한 기업가정신 교육프로그램을 개발한다(경상대 2020).
  - 대학생들은 SEA센터의 창업지원 프로그램을 통해 창업 추진단계별로 차별화된 지원을 받을 수 있다.
    ① 예비창업자 아이디어 검증 : 창업 아이디어에 대한 현실적인 조언과 시장성 테스트를 받을 수 있는 기회를 제공한다.
    ② 예비창업자 전문가 멘토링 : 사업계획 작성에 유용한 팁과 전문가 멘토링을 지원한다.
    ③ 창업자 인큐베이팅 : 인큐베이터 시설 제공 및 전문지식을 갖춘 내·외부자원 담당자와 협력하고, 사업 아이디어와 관련된 타 학문분야 학생들의 연계를 지원한다.
    ④ 창업자를 위한 컨설팅 : 비즈니스의 운영, 판매 및 마케팅, 대출 및 금융 등 분야별 전문가 컨설팅을 제공한다.
    ⑤ 창업자를 위한 네트워크 연계 : 창업자가 대학의 우수한 자원을 활용 가능하도록 대학 연구원들과의 네트워크 연계 지원한다.
    ⑥ 창업 네트워크 행사(이노베이션 X) 개최 : 분기별로 대학 내 창업기업 및 관계자들 간의 교류 및 네트워크 장을

마련한다.

- SEA센터는 대학생의 기업가정신 육성을 위한 다양한 교육과정 및 프로그램을 개발·운영하였으며, 이는 전문화된 창업지원 프로그램의 개발과 다수의 성공적인 대학생 창업자를 배출한다.

● 400명 이상의 대학생이 창업지원 프로그램에 참여했으며, 이 중 43% 이상이 학생창업에 성공하였다.

미래전략(비전)

● 알보그 대학은 기업가정신 육성을 통한 대학생 창업을 적극적으로 지원하고 있으며, 덴마크 정부도 창업하기 좋은 환경을 만들기 위해 지속적으로 노력하고 있다.

● 대학교육 내 기업가정신 육성은 대학생들의 창업역량 강화 및 창업문화 확산에 기여하고 있으며, 대학 내 창업을 지원하는 전문 역량을 가진 조직 운영 및 인력 배치는 대학생들의 실전창업으로 이어지는 성과를 창출하고 있다.

● 대학생들의 창업 동기가 실제적으로 창업으로 연계될 수 있도록 창업환경 구축 및 지원이 필요하다.

덴마크 공과대학

혁신[3]

- 상업적 가치가 있는 기술 이전 : 현재 약 150개의 상업화 프로젝트에 참여

- 스타트업과 기업가 정신 : 'DTU Skylab 자금 지원 프로그램'과 'DTU 활성화 프로그램'

---

3 https://www.dtu.dk/english(덴마크 공대 홈페이지), 2021.

- DTU는 덴마크 최고의 연구 대학
:사람들의 삶을 개선하고 환경을 보호하기 위한 기업가적 아이디어를 생성. 경제 성장과 사회적 번영의 엔진 역할을 하며 특히 실험실에서 시장으로 기술을 이전하는 데 성공한 것으로 유명

- 연구시설
대형 풍력 터빈용 테스트 센터 / 생명과학용 슈퍼컴퓨터 / Electron microscopes 1350 sq m clean room / NMR Spectroscopy / ESS - European Spallation Source Chemical Engineering Pilot Plant / Varian TrueBeam accelerator / National wind tunnel Anechoic rooms / CASMaT

- 지속 가능한 기술
:가장 큰 교량의 철탑만큼 높은 풍력 터빈이 최적의 바람 조건에서 테스트되고 추가 개발될 수 있는 세계 최초의 사이트를 보유, 세계에서 가장 큰 풍력 터빈 단지를 건설하는 것을 돕고 있다. 그들은 건설에서 발생하는 CO2 수준을 크게 줄이는 새로운 건설 기술을 개발

- 국제 대학
:2019년에 888명의 유학생을 MSc 프로그램, 박사 과정 학생의 절반 이상이 해외에서 모집되었으며 과학 직원의 1/3

이상이 국제 배경의 우수한 연구원

- 덴마크 공과대학(Denmark Technical University, 이하 DTU)은 1829년에 코펜하겐 대학에서 자연대와 공과대학 일부가 분리되어 설립된 대학으로, 공학 분야에서 연구, 지식 및 기술 이전, 과학 컨설팅 등의 분야에서 산학협력을 활발하게 수행하는 대학 중 하나다.
  - 2018년을 기준으로 1만 1538명의 학부와 대학원 학생이 재학 중이며, 대학 구성원들은 2018년 한 해 동안 50개의 특허등록, 117개의 발명등록, 1460개의 산학협력 프로젝트, 87개의 신규 창업 등을 활발하게 수행한다(경상대, 2019).
  - DTU는 학생들을 대상으로 창의적 교육환경 제공과 예비기업가로의 성장을 지원하고, 대학 내 기술이전과 상업화를 촉진하기 위해, 2013년부터 'Skylab'이라는 학내 구성원들의 창업 및 각종 혁신 활동을 지원하기 위한 시설을 운영하고 있다.

- Skylab은 2013년에 학생들을 위한 창의적 환경조성 및 예비기업가 양성을 위해 1년간의 단기 파일럿 시설로 운영되었으나, 학내 구성원들의 호응으로 2014년부터 대학 내 정규시설과 프로그램으로 운영되고 있다.
  - Skylab의 리모델링을 위해 400만 유로(약 53억 6000만 원)

의 자금을 투입하였으며, 지하 1층~지상 2층의 3개 층으로 구성된 건물 내부에 연구활동, 창업활동, 시제품 제작, 강의 등을 위한 실험실, 작업공간, 강의실 및 행사장 등을 구축하였다.

- Skylab 내부에 식품, 금속, 목재, 용접, 전자, 화학, 디자인 실험실과 3D 프린터를 활용한 시제품 제작 실험실이 구축되어 있다.
  - 각 실험실 내부에는 실제 실험이 가능하도록 각종 CNC 장비, 목재 가공 장비, 용접 장비, 3D 프린터, 전자개발도구, 원심분리기, 디자인 워크스테이션 등 실험실별로 제작 및 실험에 필요한 장비들이 구비되어 있다.

- Skylab 내부에는 각 실험실 외부에서도 학생들이 자유롭게 작업을 수행할 수 있도록 146m²(44평) 규모의 라운지에 책상과 컴퓨터 및 워크스테이션이 구비되어 있으며, 지하에 휴식 공간, 인쇄실 등과 같은 각종 편의시설이 구축되어 있다. 또한 강당과 프로젝트룸들이 활용되고 있다.

- 학내구성원들은 인터넷 시스템(https://skylab.planningpanda.com/login.php)을 이용하여 Skylab의 공간을 사전 예약 후 자유롭게 이용할 수 있다.
  - 학생들은 사용 목적을 밝히고 Skylab 매니저의 감독 하

에 자유롭게 실험실 장비를 사용할 수 있으며, 공용공간의 경우 08~16시에는 자유롭게 사용할 수 있다.

Skylab의 주요 프로그램[4]

- Skylab에는 학생과 기업, 그리고 학내 연구자의 혁신 활동을 지원하기 위해 3개 팀, 40여 명의 활동 매니저가 근무하고 있다.

- Skylab은 ①스타트업 지원, ②기업문제 해결형 프로젝트, ③관련 교수법 개발 및 지원의 세 가지 목표에 따라 다양한 활동을 중점적으로 지원하고 있다.

1 스타트업 지원

- 학생들을 대상으로 예비기업가와 창업자 교육을 위해, 비교과과정 프로그램으로 코칭, 멘토 프로그램, 기업가정신 함양 프로그램 및 워크숍 등을 운영하며, 실제 창업단계의 학생을 지원하기 위해 창업자금 펀딩, 시제품 및 경영 컨설팅, 특허 지원 등과 같은 광범위한 전문가 네트워크를 제공한다.
  - 창업자들은 Skylab 내부의 금속, 목재, 용접, 전자, 디자인 및 화학 분야의 실험실을 활용하여 잠재적 고객

---

4 경상대, 2019, 전게서.

이나 투자자에게 보여줄 시제품을 제작할 수 있다.

- Skylab Ignite는 창업아이디어 발굴 및 전문가 평가, 브레인스토밍 워크숍을 통해 아이디어 구상 단계의 학생들을 지원한다.

2 기업문제 해결형 프로젝트

- Skylab은 다양한 산업과 협력하여 매년 새로운 주제를 대상으로 기업문제 해결형 프로젝트를 공모하고 수행한다.
  - Skylab에서는 기업과 학생이 참여하여 각종 문제를 해결하는 프로젝트인 'Open Innovation X(이하, Oi-X)'를 2016년부터 설계하여 운영하고 있다.
  - 기업의 관계자는 10일 동안 집중적으로 프로젝트에 참여하여 각종 아이디어와 정보공유를 시행하고, 학생들은 수집된 정보를 바탕으로 해결책을 수립하여 발표한다.

3 관련 교수법 개발 및 지원

- Skylab은 혁신 및 기업가정신과 관련한 강의를 진행하는 교수진을 지원하고 있다.
  - 학사 과정의 Talent Programme인 '하이테크 기업가정신'은 자기 효능감을 강화하기 위한 내용을 중점으로 구성되어 있다.
  - 석사과정의 Talent Programme인 '기업가정신 성장을

위한 비즈니스 모델 디자인'은 사업 지향적이며 이론의 테스트, 잠재 고객과의 상호 작용 등을 통해 자신의 가정을 검증하며 실제 비즈니스 모델을 창출할 수 있도록 설계되었다.

- Talent Programme은 디자인과 혁신을 공부하는 학생들이 가장 많은 참여를 하고 있으며, 그 뒤를 이어 건축 공학, 물리·나노 기술 및 공학 관리 전공의 학생들에게 인기가 있다.

Skylab의 운영성과

- Skylab의 운영을 통해 2018년 한 해 동안 95개의 행사가 개최되었으며, 56개의 스타트업 기업들이 창업 과정에서 도움을 얻었다.

- Skylab을 통해 2018년에 16개 스타트업 기업이 1,396,779DKK (약 25억 원)의 자금지원을 받았다.

미래전략(비전)

- Skylab 활동에 참여한 대학생들이 졸업 후 6개월 이내에 85%가 고용되었다는 것은 실제 기업체와의 협업활동 경험이 구직활동에 영향을 주고 있다는 의미이며, Skylab에서

는 학생들의 의견이 중요하게 평가되고 있으며, 학생들의 독립성, 조직 역량, 자신감, 자기 계발 전문성, 전공 지식의 발전과 습득에 긍정적 영향을 보인다.

리빙랩[5]

- Global University Leaders Forum(2010)과 UNEP(2013)는 '대학 신설, 연구·교육이 연결돼 지속가능성을 위한 리빙랩이 만들어질 수 있도록 대학의 핵심 미션이 조정되어야 함'을 명시하고 있으며, IARU(International Alliance of Research Universities, 2014)는 리빙랩을 대학의 지속가능한 발전과 관련된 리더십 확보의 중요한 도구로 강조하고 있다.

- 대학 리빙랩 효과
  Cohen & Lovell(2014)은 체험학습의 촉진 및 관련 커리큘럼 구성 / 사회적 책임에 대한 이해 향상 / 사회적 지속가능성 제고 / 대학 관계자를 통한 지역사회의 참여 강화 / 기관의 탄소발자국 감소 / 대학 자원 및 인프라의 효율적인 사용 / 대학의 완성도 향상 등을 제시했다.

---

5 www.dtu.dk/english, 2021, 홈페이지 참조. 경상대, 전게서, 2019.

- 리빙랩은 참여 학생들이 사회·경제·환경 차원에서 문제를 더 잘 이해할 수 있도록 문제 본질에 더욱 가깝게 한다.

- 덴마크 공과대학(DTU)의 포토닉스 학과와 비영리단체인 Gate21과의 협력:Living Lab
  - 알베츠룬시는 녹색사업개발 관련 프로젝트를 수행하는 비영리단체인 Gate21과 덴마크 공과대학(DTU)의 포토닉스 학과와 협력해 헤아스틀 공업단지(Hersted Industripark)에 체험형 연구실인 Living Lab을 만들어 250여 종의 신 LED 제품과 스마트시티 기술을 선보일 예정(2018)
  - 37개의 구간으로 나누어진 Living Lab은 실제 도시환경에 제품과 기술을 노출시켜 지역 주민이 그 활용도와 효율성을 체험하도록 설계됐다. 추후 어떠한 제품과 기술이 스마트시티를 구현하는 데 가장 적하한지에 대한 정보를 제공할 것으로 기대하고 있는 상황이다.
  - 스마트시티 구축 시 네트워크 형성을 통한 도시 주요 공공기능의 효율성 증대가 중점이 되는 바, Living Lab은 LED 조명의 친환경적 특징을 넘어 실시간 도로 상황에 맞춘 조명을 제공하는 등 스마트시티 구현에 적합한 LED 솔루션 개발을 추진하고 있다.

포크하이스쿨(Folk high school)

- 정규 교육기관은 아니지만, 사회 구성원으로서 삶의 질을 향상시키기 위해 모든 시민을 대상으로 외국어와 같은 기초교육 강좌부터 텃밭 가꾸는 방법과 같은 생활강좌, 취미 관련 문화 예술 강좌뿐만 아니라 '유로 위기'나 '이민자 문제' 등과 같은 지역사회를 넘어 국제사회에서 발생하는 모든 문제를 연계한 다양한 유형의 강좌를 실시.

- 전 세계 시민들을 위한 자유학교도 같은 곳인 인터내셔널 피플스 칼리지(IPC)입니다. IPC는 덴마크에서 유일한 인터내셔널 호이스 콜레(영어로 하면 포크하이스쿨)이고 성인을 위한 자유학교입니다.

- IPC의 디벨럽먼트 매니지먼트 수업 : 활동하는 세계 시민을 키워내는 것을 목표로 삼고 있는데, 이 수업은 IPC에서 중요하게 생각하는 수업이다. 이 수업에 참여한 학생들은 3개월 동안의 수업을 마칠 때쯤에는 자신들의 조가 스스로 구성한 프로젝트의 결과의 구성 계기와 방식 그리고 결과에 대해서 전교생 앞에서 발표해야 한다. 수업은 각 조별로 토론을 하고 그 내용을 가지고 커다란 종이 위에 문제 지도를 그려나가면, 교수가 그것을 확인하고 코멘트를 해주는 방식으로 진행된다.

- 여러 강좌에서 수강생들이 원하는 강좌를 스스로 선택하면서 들을 수 있다. 그래서 특히 단순한 기초 어문 실력을 높일 수 있는 협소하고 제한된 언어의 기초 교양 수업이 아닌 본 시민대학과 같이 다양한 언어권의 언어 교육이 기초에서 심화까지 진행되고 있으며, 앞서 제시했던 유럽경제공동체의 통합과 이민 문제, 돈에 대한 욕망, 철학적 성찰, 유럽 국가들의 다문화 정책 비교 등의 수준 높은 '정치, 철학, 사회' 강좌 프로그램까지도 수강할 수 있다.

Chapter 18

스웨덴

스톡홀름 대학교[1]

- 노벨상 수상

  :스톡홀름 대학의 4명의 연구원이 노벨상을 받았고 5번째는 알프레드 노벨을 기리는 Sveriges Riksbank 경제학상을 수상

- 지속 가능한 개발

  :UN의 의제 2030의 목표를 달성하기 위해 교육, 연구 및 협력을 통해 적극적으로 노력하고 있습니다. UN의 기후 정상 회담에서 기후 연구를 위한 자원을 동원하기로 약속한

1 www.su.se/english(스톡홀름 대학교 홈페이지), 2021.

최초의 스웨덴 대학

- 국제 환경에서 독립적인 연구
  - 연구와 교육이 밀접하게 연결된 국제 환경이 특징. 자연 과학과 인문 과학의 두 가지 과학 영역이 있으며 인문 과학은 사회 과학, 인문학 및 법의 세 가지 학부

- 과학연구시설

2개의 공초점 현미경(Leica SP1 포인트 스캐닝 공초점 및 Yocogava CSU-22Spinning 디스크 시스템)과 2개의 형광현미경과 1개의 FACS 보유 / 전자현미경센터 – EMC

스톡홀름 대학교의 이미징 시설 – IFSU / 레이저 분광학 연구실(LSL)

나바리노 환경 천문대(NEO) / 스웨덴 전자 과학 연구 센터(SeRC) / 타팔라 연구소

국립 스파크 플라즈마 신트링(SPS) 시설

말뫼대

- 1998년 버려진 조선소 부지에 말뫼대를 세웠다. 5개 단과대학으로 이뤄진 말뫼대의 핵심 분야는 IT와 기초 공학, 디자인, 미디어 등의 학문이 융합된 기술사회대다.

- 미디어에볼루션시티 : 창업보육센터인의 젖줄로서 신산업 육성에 주도적인 역할을 하고 있다. 의학·바이오·IT 분야 기업들의 유럽 본사가 옮겨오면서 첨단산업 도시로 부활한 말뫼시에 자리 잡은 글로벌 기업의 연구 인력 거점이 됐다. 창업을 원하는 말뫼대 학생들은 학교 인근에 들어선 미디어에볼루션시티에서 스타트업을 마음껏 준비할 수 있다.

출처 : 동아일보, 한국경제

대학-기업 연계 '이데온 사이언스 파크'

- 1986년 중앙과 시 정부, 룬드대, 기업이 대학에서 이뤄진 연구 성과를 산업화하기 위해 만든 과학 클러스터
  - 대학 캠퍼스 안에 세워진 파크는 약 12만m^2 규모로 400여 개 기업이 입주해 있다. 5월 방문한 파크 건물 외벽에는 기업 간판이 가득했다. 대학과 기업이 한자리에서 성장을 위해 손잡고 나가는 것을 그대로 보여줬다.
  - 대학과 기업 간 네트워킹을 위해 매주 목요일 '인터내셔널 시티즌 허브'도 개최
  - 52개국에서 모인 연구원 등 인재들이 세계 각국의 기업과 대학이 의뢰하는 연구 프로젝트를 진행

웁살라 대학

공공연구소

- 스웨덴에서 유일하게 약학과를 보유한 대학이며 유럽에서 가장 큰 생체의학분야 연구소로 약학 관련 연구를 수행하는 약학과 연구소를 BMC(Uppsala Biomedical center)에 보유하고 있음.

- 웁살라 대학과 스웨덴 농과대학의 입지로 인해 관련(의약청, 식품청, 수의학연구소)가 입지하여 이를 통해 기존의 대학, 연구소와 함께 자생적인 클러스터 형성.

웁살라 과학단지

- 웁살라 과학 단지는 지역의 대표적 기업인 파머시아(Pharmacia)가 미국계 업존(Upjohn)과 합병하면서 웁살라 지역의 관련 기업들 간에 위기의식 공유와 자구노력의 결과로 추진. 웁살라 대학과 스웨덴 농과대학 사이에 위치하고 있으며 1985년 지역 부동산회사가 주도하여 추진.

- 단지 내에는 150개 기업체가 입주하고 있으며 단지 인근에는 300개의 기업체가 입주.

STUNS : 캠퍼스 웁살라

- 웁살라의 발전을 위한 새로운 프로젝트로 웁살라 내의 대학과 기업 협회 등이 공동으로 설립한 STUNS가 주도하고 있음.
  - 웁살라 대학(Uppsala University), SLU(Swedish University of Agricultural Sciences)와 지방정부 및 지역상공회의소가 공동으로 설립한 기구로 웁살라 시의 발전을 위한 개발사업을 추진하고 있는데 이의 대표적인 계획이 캠퍼스 웁살라임.
  - STUNS는 웁살라 내의 대학과 기업 및 공공부문 간의

협력을 촉진하기 위하여 만들어진 기구로 웁살라 지역과 지역 대학 및 기업의 경쟁력을 제고하여 지역의 경제발전을 촉진하는 목적으로 1985년 설립.

- 캠퍼스 웁살라는 생명공학과 재료공학 및 정보통신 기술 분야를 대상으로 하고 있으며 첨단 기술 분야 기업을 위한 유럽에서 가장 매력적인 입지를 제공하는 데 목적이 있음.
- 시의 남북을 연결하는 발전축을 구상하고 있음. 이 축은 웁살라 대학(Uppsala University) 연구소들이 입지한 북쪽에서부터 웁살라 과학 단지와 생명공학센터(Biomedical Center)를 거쳐 스웨덴 농과대학(Swedish University of Agricultural Sciences)까지 연결되는 것으로 이 축 상에서 첨단기업과 연구소를 위한 약 85만 m^2의 신규 부지를 공급할 계획임.

신규 대학 설립

- 사회 문제 대응 및 연구의 자율성 보장을 위한 2021-2024년 연구·혁신 법안(Forskning, frihet, framtid–kunskap och innovation for Sverige)을 발표.
  - 전략적 연구 정책의 지속 개발 및 선도적인 연구·혁신 국가로서의 스웨덴의 입지를 강화하고자 신규 대학을 설

립코자 하고, Mälardalens högskola(university college)에 1억 3000만 크로나(약 1600만 달러)를 지원하여 2022년 동 대학의 universitet(university)로의 전환을 추진하고 있다. 특히 박사 학위 수여가 가능한 점이 장점으로 인식되고 있다.

Chapter 19

뉴질랜드

Massey 대학교(농업특화대학) [1]

- 링컨대학교와 함께 뉴질랜드를 대표하는 농과대학 중심의 종합대학교

농업 관련 연구

- 농업 및 환경 활동이 발생하는 맥락을 이해하기 위해 관리 시스템에 대한 연구에 중점. 천연 자원을 유지하거나 개선하면서 경제적 생존을 보장하는 데 중점을 두고 있음.

---

1 www.massey.ac.nz(메시 대학교 홈페이지), 2021.

에너지

현재 연구에는 도시, 마을 및 소규모 지역 사회의 재생 에너지 배치 및 에너지 효율성 조치에 중점을 둔 뉴질랜드 및 기타 글로벌 지역의 운송, 건물, 산업 및 농업 부문의 기후 변화 완화 기회가 포함됨. 농장 시스템을 포함한 공급망에 치중함.

농업 관련 기업가 정신과 혁신

농업 환경에서 비즈니스가 경쟁 우위를 확보하기 위해 혁신을 가장 잘 활용하는 방법을 연구.

농장 경영

재무, 생산, 인적 자원 관리 및 마케팅의 전략적 및 전술적 관리에서 농부의 의사 결정이 포함되어 있고, 농부 위험 관리 관행, 탄력적인 농업 시스템 설계, 고성능 농업 시스템, 거버넌스, 승계 계획 및 농장 관리 도구에 중점.

글로벌 식품 가치 사슬

식품 가치 사슬의 구조, 조직 및 수직적 조정에 대한 전문 지식을 보유. 여기에는 가치 사슬 설명 및 분석, 식품 가치 사슬 무결성 및 모델링 가치 변화 효율성이 포함.

국제 및 뉴질랜드 농업 기업 전략

연구원들은 상품 시스템, 가치 사슬, 산업 및 기업의 역학을 분석하기 위한 개념 및 분석 프레임워크와 도구를 연구. 또한 농업 기업의 성과(탄력성)와 식품 및 섬유 소비자의 웰빙을 향상시킬 전략적 사고 및 의사 결정 전략을 개발하기 위해 노력. 여기에는 환경 지속 가능성에 대한 농식품 회사 및 산업의 대응 조사가 포함됨.

물류 및 공급망 관리

물류는 전 세계 시민들이 다른 나라에서 생산된 상품과 서비스를 효과적이고 효율적으로 즐길 수 있도록 하는 데 두고 대량 생산 및 지리적으로 고정된 원자재와 관련된 시공간적 격차를 해소하기 위해 건전한 물류 및 공급망 시스템을 개발하는 데 전문 지식을 보유하는 데 목적을 둠.

마오리 기업

현대 마오리 농업 기업에 대한 전문성. 우리는 농업 비즈니스 부문에서 마오리족의 현재 활동과 기회에 대한 통찰력을 찾는다. 특히 원예, 농업, 임업 및 식품 혁신의 하위 부문이 초점 영역입니다.

Research centres

Centre for Postharvest and Refrigeration Research / Centre of Excellence in Farm Business Management / Dairy Research Centre Massey Agri / Food Technology Partnership

New Zealand
Centre for Precision Agriculture New Zealand Life Cycle/Management Centre

농업 경제학 연구

- 생산 시스템의 식물 구성 요소를 조사. 산업 관행 및 사회적 요인을 포함하여 작물, 목초지, 혼농임업 및 잔디 과학의 모든 측면이 포함. 인간의 이익을 최적화하고 환경 발자국을 최소화하기 위해 과학을 모범 사례에 적용하려고 함. 국내 및 국제 협력 네트워크를 보유

연구

혼농임업/작물 및 목장/작물 및 목초지 생산 및 실습/생태생리학/해충 관리와 관련된 곤충학/분자 식물 병리학/마오리 채소 작물, 시스템/목초지 및 마초 품종 평가/식물과 동물의 상호작용과 화학생태학/식물 보전/종자 과학 및 기술/위드 사이언스

시설

Massey Botanic Gardens/Massey Farms/Massey Horticultural Units

New Zealand Indigenous Flora Seed Bank / Palynology laboratory

- 농장이 규모화되고, 복잡화되면서 뉴질랜드 농업인이 농장 근로자가 아닌 경영주가 되기 위해서는 실천적 기술뿐만 아니라 Agriculture Degree에 해당하는 과학적, 이론적 지식이 필요하게 됨에 따라 Massey 대학에서는 4년제 종합대학이면서 전문학사학위 과정인 Diploma 과정도 운영한다.

- 학부 3~4학년 과정을 핵심적으로 1년 동안에 이수. Extramural 과정으로 이수할 수도 있는데, 이 경우 2년 정도 소요하도록 하여 Level 7에 해당하는 자격을 부여한다.

혁신

- 농업경영 프로그램 강화

- FAME이라는 학위 없이도 이수 가능한 농업인을 위한 6주짜리 최고경영자과정 운영한다.

- Bank Of New Zealand에서 후원하는 ICEHOUSE 라는 프로그램은 농촌 금융을 강화한 Financial Management

프로그램도 운영한다(이상진, 2018).

- 이와 비슷한 활동으로 비료제조업체들의 후원 하에 각종 국가 연구소의 최근 연구결과가 접목되어 농업인들에게 전달되는 Sustainable Nutrion Management라는 프로그램도 있고, 낙농회사 Fontera가 후원하는 우유 가공과정에 대한 Post Graduate Level의 교육과정도 있다.

오클랜드 대학교

- **BI 혁신센터**

ICT 대학원은 학생들이 데이터 중심 경제에 맞는 커리어를 준비할 수 있도록 데이터 분석 및 BI 혁신센터(The Centre of Excellence in Data Analytics and Business Intelligence)를 통해 2개의 새로운 교육 과정을 제공하게 된다.

- 마이크로스트레티지 10(MicroStrategy 10TM) 플랫폼을 사용:통계 분석, 데이터 시각화와 같은 고급 데이터 분석을 수행하는 데 필요한 기술을 가르칠 뿐만 아니라, 데이터 기술 부족 문제의 해결을 위한 실용적인 교육을 제공한다.
- 등록, 입학, 기타 비즈니스 분야에 관한 전략적인 정보를 제공하는 중앙 전략적 리포팅 시스템을 통해 작성된다. 이를 통해 대학은 학생들의 경험을 보다 심층적으로 파

악함으로써, 학업 성취도와 졸업율을 높이고 학생들을 더욱 효과적으로 지원한다.

- 학생들이 최신 분석 플랫폼에 액세스하여 데이터 중심의 의사결정이 실전에서 어떻게 혁신과 성공을 가져오는지 파악하도록 돕고 있다.
- 비즈니스 커뮤니티의 단기 교육 과정은 2018년 6월부터 시작됐으며, 졸업생들이 향후 숙련된 전문 인력으로 비즈니스를 성공적으로 영위할 수 있도록 훈련시키고 있다.

출처 : 전자신문

- **CDES(경력개발 및 고용서비스)**

CDES에서는 학생들이 직업 세계를 탐색할 수 있도록 지원. 경력 개발의 모든 측면에서 오클랜드 대학교 학생들(졸업 후 최대 3년까지의 졸업생 포함)을 지원한다.

- 비전 : 졸업생들이 자신의 일, 삶, 학습의 세계를 성공적으로 스스로 관리하고 탐색할 수 있는 능력을 개발하도록 돕는 것이다.

- **UniServices**

연구를 통해 새로운 지식과 솔루션을 구축하기 위해 학술기관, 산업 및 정부에서 파트너를 찾고 함께 모으는 것부터 아이디어와 지적 재산을 와카투푸(육성) 및 상업화에 이르기까지 수행한다.

오클랜드 대학교가 전액 출자, 연구자들의 노력을 증폭하고 성장시킬 수 있는 자금과 연결을 확보할 수 있도록 지원함으로써 연구자들에게 지원을 제공하는 비영리 독립형 회사이다.

- **CAMRI(Advanced Magnetic Resonance Imaging) 센터 : 첨단 MRI 센터**

오클랜드 대학교의 CAMRI(Advanced Magnetic Resonance Imaging) 센터는 일상적인 임상 영상뿐만 아니라 고급 연구 작업에 중점을 둔 뉴질랜드 최초의 MRI 벤처. 대학에서 성공적인 연구 협력 실적을 바탕으로 CAMRI는 MRI 연구 전문 지식과 리소스를 선도적인 상업 및 정부 기관에 제공한다.

- **혁신연구소 중국**

오클랜드 대학교는 모두 중국에서 광범위한 관계와 협력 관계를 맺고 있다. 이를 가능하게 하기 위해 오클랜드 대학교 중국 혁신 연구소(University of Auckland Innovation Institute)를 개설 운영하고 있다.

- 항저우 혁신 연구소:UniServices는 중국 항저우에 혁신 연구소를 설립. 연구소는 항저우 경제 및 기술 개발 지역(HEDA)에서 2800m^{2}의 물리적 공간을 차지하며 연구 및 혁신을 위한 세계적 수준의 센터라 볼 수 있다.
  - 항저우:중국의 선도적인 혁신 및 기술 허브 중 하나이며 Siemens, Abbott, Pfizer, Novartis, Bayer, Eli

Lilly, Merck, Huawei 및 ABB와 같은 선도 기업의 연구 개발 센터가 있는 곳이다.

- 대여 시설 : 연구소는 고객 회의, 세미나, 기능 또는 작업 공간으로 예약할 수 있는 회의실, 회의 시설 및 폐쇄된 사무실 공간을 제공. 예약은 임시 또는 장기 코로케이션 계약에 따라 이루어진다. 이러한 시설에 대한 접근은 연구 및 상업적 파트너가 중국 대학, 정부 기관 및 기업과 긴밀한 협력을 할 수 있도록 하고 있다.

출처 : UniServices

● **Future Learning Solutions**

학습자, 교육자, 지도자 및 커뮤니티를 육성함. 변화하는 세상에서 교육자의 역량과 회복력을 강화하여 학습자 성취를 지원하는 서비스와 프로그램을 제공한다.

- 제공 : 오클랜드 대학교의 연구 및 혁신과 Future Learning Solutions의 서비스 품질을 결합하여 교육자를 위한 다양한 교육 및 멘토링 솔루션을 설계하고 제공한다.
- 개발 : 지도자, 교사 및 학교 커뮤니티와 협력하여 전문적인 실습을 향상하고 학습자의 결과를 개선하는 데 중점을 둔 전문 학습 및 개발을 공동 구축함. 우리는 효과적이고 지속적인 전문 학습이 교육자, 화나우, 커뮤니티 및 아콩가와의 협력에서 가장 잘 개발된다.

출처 : Future Learning Solutions

- **business school(Center for innovation and entrepreneurship, CIE)**

광범위한 혁신, 기업가정신 및 상업화 프로그램을 제공.

1 Velocity

뉴질랜드 최고의 대학 기업가정신 개발 프로그램.

Velocity는 오클랜드 대학교의 대표적인 과외 기업가정신 개발 프로그램. 매년 약 30명의 학생으로 구성된 학생 위원회가 올해 제안의 설계 및 개발을 주도하여 수백 명의 참가자에게 잠재력을 개발할 수 있는 기회를 제공. 혁신 및 기업가정신 센터(Center for Innovation and Entrepreneurship)의 지원을 받으며 후원을 통해 자금을 지원함. 1년 간의 대화, 워크숍, 이벤트 및 도전 일정이 포함된다.

2 Velocity 10만 달러 멘토

Velocity $100k Challenge 사업 기획 대회.

- 참가자들은 벤처에 대한 아이디어를 개발하고, 팀을 구성하고, 비즈니스 사례를 구축하고, 10만 달러 이상의 상금 패키지를 포함하여 아이디어를 실현하는 데 도움이 되는 리소스를 얻을 수 있는 기회를 제공. 도움받을 수 있는 다양한 멘토가 있다.

3 Summer Lab

기업가를 자극하도록 설계된 4주간의 경험. 아이디어를 비즈니스 벤처로 바꾸는 데 필요한 필수 기술을 가르침. 우리는 행동 지향적인 학습을 통해 영감을 주는 것을 목표로 하고 있다.

- 활동 : 신속한 프로토타입 제작, 워크숍, 기업가 및 업계 리더를 초청 연사로 참여하는 것, 도구와 프레임워크를 사용하여 혁신적인 사고를 형성하는 것이 포함된다. 다양한 비즈니스 캔버스를 사용하여 새로운 기술, 최소 실행 가능한 제품 및 디자인 주도적 사고와 같은 개념을 탐구한다. 팀은 심사 위원단에게 벤처를 발표하여 아이디어를 공유하고 피드백과 안내를 받게 된다.
- 기대 : 아이디어를 가시적이고 견고한 비즈니스로 전환하려는 기업가정신이 있는 커뮤니티의 일원이 될 수 있다. 변화를 만들고, 솔루션을 아이디어화하고, 아이디어를 개발하는 도구를 배우고, 팀으로 작업하고, 멘토와 진행자의 지원을 받는 데 관심이 있는 다른 사람들과 연결된다.
- 참여 : 공동 교과 과정 인정 프로그램을 통해 공식적으로 인정한다.

4 VentureLab

CIE의 인큐베이터 프로그램으로 Velocity 10만 달러 챌린지 대회 우승자에게만 초대.

- 제공
  - 숙련된 멘토와 VentureLab Manager의 주간 회의 및 지원

- 책상 공간 및 사물함
- 벤처에 시간을 집중할 수 있도록 팀당 마일스톤 지불
- Unleash Space 및 모든 Center for Innovation and Entrepreneurship 이벤트, 네티워크 등에 대한 액세스
- 대학 장비, 시장 조사를 위한 도서관 이용 등
- 월별 마일스톤으로 6개월 지원 후 다음 단계 검토
- 팀의 필요에 따라 수행되는 특정 역량 구축 워크숍
- UniServices 고문에 대한 액세스
- 2000만 달러의 상록 오클랜드 대학 발명가 기금 및 IP 그룹 기금과 같은 기금에 대한 액세스

5 Innovate 2 Business

비즈니스 사례를 구축하고 벤처를 시작하는 기본 사항을 잘 이해할 수 있도록 설계된 1일 기업가정신 부트캠프. 오클랜드 대학교의 모든 사람이 무료로 참여할 수 있다. Velocity 10만 달러 챌린지에 참가하여 아이디어를 실현할 수 있는 좋은 상태를 만들 수 있다.

6 start-up Studio

Unleash Space를 집과 직장으로 사용하는 기업가 및 스타트업 커뮤니티. 활기찬 코워킹 스페이스 외에도 회원들은 멘토링, 전문성 개발 및 네트워킹 기회 등을 받는다. 20개의 벤처를 지원할 수 있는 Unleash Space는 활기찬 코워킹

스페이스이다.

- 가능성과 효과 : 기업 생태계에서 여러 멘토를 만날 수 있고 제조업체에 접근하는 방법, 마케팅 전략을 수립하는 방법, IP에 대한 조언을 받는 방법 등을 다양한 전문가와 멋진 사람들과 이야기하면서 배울 수 있다.

7 멘토 세션

CIE의 멘토 중 한 명과의 무료 30분 세션은 다른 관점을 얻고 사고를 확장하며 벤처를 발전시키기 위한 다음 단계의 브레인스토밍을 함께 하는 데 도움이 됨. 멘토와 생각과 질문을 공유하면 개인적으로나 벤처 기업의 성장을 가속화하는 데 도움이 되고 다양한 분야의 멘토 제공받는다.

8 Hynds Entrepreneurial Fellows 프로그램

모든 학부의 학자와 협력하고 지원함으로써 오클랜드 대학교의 커리큘럼에 혁신과 기업가정신을 포함시키는 것을 목표로 하고 있다.

- 활동 : 매년 확인된 교수진 또는 분야의 학생 및 직원과 관련이 있는 방식으로 교육 과정에 혁신과 기업가정신을 포함시키기 위한 새로운 교육 과정 개발 프로젝트에 대한 제출물을 구한다. 이러한 프로젝트는 모듈, 새로운 평가 또는 새로운 과정의 모든 것이 될 수 있다.
- Fellowship : 소모품, 교육 과정 개발 비용 또는 전문 개

발 자원이 될 수 있는 자원을 제공. 학생 경험에 직접적인 영향을 미치고 혁신적인 사고와 기업가정신을 개발하는 데 도움이 되는 지원 활동이다.

9 뱅가드 프로그램

매년 9월에 코호트가 일주일 동안 실리콘 밸리를 여행. Velocity 학생과 Velocity 10만 달러 챌린지의 선정된 우승자로 구성됨. 7일간의 투어에는 성공적인(스타트업) 기업 및 혁신적인 조직을 방문하고 실리콘 밸리의 스타트업 생태계와 연결하는 것이 포함된다.

- 활동:참가자들이 일주일 동안 보고, 시도하고, 반성하고, 공유하고, 토론할 수 있도록 설계.
- 방문
  - Facebok, Google, Tesla와 같은 글로벌 혁신적이고 기업가적인 기업(가능한 경우 '키위' 연결에 중점을 둠)
  - 스탠퍼드, 버클리, UCD와 같은 대학
  - Mercedes, Auto Desk 등 혁신 연구실/액셀러레이터/코워킹 스페이스
  - 벤처 자본가
  - 밸리에서 일하는 오클랜드 대학교/Velocity 동문과의 네트워킹 기회 또는 실리콘 밸리의 생태계에 대한 프레젠테이션 및 이러한 수업을 뉴질랜드에 적용할 수 있는 방법.

● **쿠라 마타후나 – 공간 해방**

Unleash Space의 마오리 이름, Kura Matahuna. 숨겨진 잠재력의 학교. Unleash Space는 창조, 플레이, 제작, 발명, 해킹, 실험 및 실행 등 숨겨진 잠재력을 발견할 수 있는 공간.

- 혁신과 기업가정신의 세계를 탐구하는 데 관심이 있는 사람들을 위해 워크숍, 예약 가능한 회의실, 브레인스토밍 공간, 프로젝트 및 벤처에 대한 전문가 및 영감이 있다.

Unleash Space의 공간

①Maker Space – 대학의 제작자, 건축업자, 제작자 및 디자이너를 위한 3D 프린터, 레이저 절단기, 라우터, 전자제품, 진공 성형기, 재봉틀, 공예품 및 미술용품, 기타 도구 및 기계가 있다.

- 사용 : 최첨단 Maker Space를 사용하려면 모든 학생과 교직원이 Canvas에 소개된 신규 회원 온라인 오리엔테이션을 완료해야 함. 오클랜드 대학교의 모든 학생과 교직원은 이 링크

②멘토 세션 – 사업 아이디어, 무제가 있는 창업자, 아니면 비즈니스 성장 방법에 대한 제안을 찾을 수 있다.

③스타트업 스튜디오 – 전용 코워킹 스페이스인 스타트업 스튜디오는 Unleash Space를 집과 직장으로 사용하는 기업가 및 스타트업 그룹이 적극적으로 사용한다.

④Velocity - 혁신 및 기업가정신 학생 클럽을 넘어 뉴질랜드 최고의 학생 기업가정신 개발 프로그램이다.

출처 : business school(Center for innovation and entrepreneurship)

- **Future Learning Solutions, 교육 리더십 센터(FLS-CEL)**

뉴질랜드와 해외의 교육 리더와 조직에 다양한 리더십 서비스를 제공함. 모든 작업은 엄격한 교육 리더십 연구와 우리 연구원 팀, 전 교장 및 고위 지도자의 실제 경험을 기반으로 함. 리더십 전문성을 구축함으로써 학생의 성과를 향상시키기 위해 최선을 다하고 있다.

- 교육 리더십 전문성 개발의 다른 제공자들과 다른 점은 연구 정보를 제공하면서도 실질적으로 지향한다.

1 Growing Great Leaders™

- 모듈 1 : 학생 중심 리더십

  '학생 중심의 리더십' 모델을 소개하고 참가자들이 자신의 리더십 신념과 관행, 그리고 이러한 신념과 관행이 학교에서 학생 성과에 미치는 영향에 대해 숙고하도록 함.

- 모듈 2 : 관계적 신뢰 구축

  학생 결과의 질에 대한 신뢰의 영향을 강조. 실제 활동은 참가자 자신의 환경에서 개인적인 반성과 후속 신뢰 구축 활동을 지원.

- 모듈 3 : 목표 및 기대치 설정

  목표 설정 이론에 대한 매우 실용적인 통찰력을 제공하

고 참가자가 자신의 학교에서 목표 설정의 품질을 반영할 수 있도록 지원. 개학 후 후속 조치 및 조치에 대한 풍부한 정보를 제공.

- 모듈 4 : 전략적 자원 조달
  제한된 학교 자원을 전략적으로 사용하는 것의 중요성을 강조. 참가자가 중요한 학생 결과를 촉진하기 위해 인적 및 물질적 핵심 자원이 사용되는 방식에 대한 비판적 검토를 수행할 때 지원.
- 모듈 5 : 복잡한 문제 해결
  매우 실용적이며 참가자가 해결하려는 복잡한 문제를 진행할 때 지원. 참여 연구와 높은 수준의 참가자 상호 작용을 결합.
- 모듈 6 : 양질의 교육 보장
  실용적인 통찰력과 풍부한 학교 후 활동, 후속 활동을 제공.

2 문화적 역량 구축

모든 학습자가 자신의 문화적 유산과 정체성에 따라 생활할 수 있도록 지원하는 문화적으로 반응하는 관행을 구현하여 형평성을 창출하는 데 있다. 이 3일 과정은 학교의 모든 수준에서 실천하고 얼마나 효과적으로 적용되고 있는지 평가하는 실용적인 방법을 제공한다.

• 설계 : Te Tiriti o Waitangi(조약)와 마오리 문화 역량 프레임워크에 문화적으로 유능한 교사와 Kaiako를 개발하

기 위한 플랫폼으로 집중함으로써 이를 수행. 에 의해 촉진 앨리슨 기븐스, 로토루아 여고의 전 교장, 과정은, 지원 도전과 참석자의 지역에 있는 자신의 학습 여행을 장려하고, 실용적 수 있도록 설계.

- 과정의 목적: 교사와 학교 지도자가 위치에 상관없이 문화적 능력의 여정에서 지원하고 그들이 배운 것을 즉시 학교와 교실에서 적용할 수 있는 실용적이고 문화적으로 적절한 방법을 제공하는 것. Aotearoa New Zealand에서 tangata whenuatanga와 Te Tiriti o Waitang 파트너십에 대한 헌신을 입증하기 위해 뉴질랜드 교육 표준의 의무를 충족하는 것을 지원.

3 성장하는 Great Leaders™ 레벨 1

Growing Great LeadersTM 레벨 1은 6개의 모듈이 있음. 각 모듈은 학생 중심의 리더십 모델에 맞춰져 있으며 교육적 맥락에서 이론과 실제 적용을 모두 제공하도록 설계된다.

- 모듈 1: 학생 중심 리더십
- 모듈 2: 관계적 신뢰 구축
- 모듈 3: 목표 및 기대치 설정
- 모듈 4: 전략적 자원 조달
- 모듈 5: 복잡한 문제 해결
- 모듈 6: 양질의 교육 보장

출처: Future learning solutions(Center for educational leadership)

Chapter 20

—

인도

인도 공과대학교[1]

- 최고의 학생을 뽑아 최고로 훈련시키는 시스템. 이런 시스템을 만든 것은 자율성이다. 학생과 교수 선발의 자유가 완벽히 보장된다. JEE 출제에 대해 어느 누구도 간섭하지 않는다.

- 입시 문제인 수학·물리·화학 시험은 수시로 바뀐다. 어떤 때는 객관식으로만 나오다 그 다음해는 주관식으로 바뀐다. 시험이 1차에서 끝나다가도 어떤 해는 2차까지 보기도 한다. 예측 불허의 시험문제 때문에 '원성'이 자자하지만 그

---

1 https://home.iitd.ac.in(홈페이지 참조), 2021.

뿐이다. 학교 내 JEE 출제본부는 1년 내내 최고의 인재를 뽑을 수 있는 시험 방식과 문제를 연구한다.

세계 공대 순위는(2006년 영국 더 타임스 선정 공대 순위)

순위	대학명
1	미국 MIT
2	미국 버클리 공대
3	**인도 공대**
8	싱가포르 국립대
15	중국 난양(南陽) 기술대
17	홍콩 과학기술대
37	**KAIST**
67	**서울대 공대**

인도 공대(델리 캠퍼스)

- 설립 과정 : 1951년 MIT 벤치마킹해 설립/1956년 특별법 통과
- 학생 및 교수진 규모 : 학생 4800명(학사 2200, 석·박사 2600) 교수진 480명
- 교수당 학생 수 : 10명
- 전공 비중(전자공학과 기준) : 총 졸업학점의 90% 이상
- 교수 1인당 SCI 논문 인용지수 : 0.42편
- 입학경쟁률 : 61대1
  (JEE라는 별도 시험만으로 선발. 전국 30만 명 응시해 4800명 합격)

- 수업의 90%가 전공 과목

- 과감한 연구개발(R&D) 투자가 경쟁력을 끌어올렸다. 봄베이 캠퍼스만 해도 5년 전에 R&D 투자가 전체 재정의 25%였는데 지금은 40%까지 올라갔다. 이 수입은 석·박사들의 생활비나 연구비 지원, 설비 마련 등에 쓰인다. 이러한 지원 때문에 우수한 박사후 과정 학생들이 몰린다. 봄베이 캠퍼스 학생 5300명 중 1300명이 석·박사 과정이다.

- 교수 1인당 학생 수는 1대 10을 넘지 않으며 전공 과목이 수업의 90%를 넘는다. 1학년 때 교양과목이나 클럽활동 등을 끝내고 그 다음부터는 컴퓨터·전기·기계 공학을 집중적으로 공부한다. 놀 시간이 거의 없을 정도로 학습 강도가 세다. 모든 전공 수업은 영어로 하되 교수의 강의를 끊임없이 반박하는 토론 방식으로 진행된다. 토론은 기숙사로 이어진다.

- 뛰어난 영어 실력이 밑천
  IIT를 비롯한 명문 대학의 입학시험 문제가 모두 영어로 돼 있고 학교 강의도 모두 영어로 진행된다.[2]

혁신

IIT인의 자존심으로 지켜낸 IIT의 독립적 자율운영 체계

- IIT는 국가로부터 재정적인 지원을 받지만, 운영의 독립성과 자율성은 보장된다. 이는 IIT가 정치적 간섭 없이 다양성과 유연성을 추구하며 사회와 산업계의 변화에 맞는 전문인 양성이 가능하도록 하겠다는 취지에서였다. 그 결과

2 이원진, 세계 공대 3위 인도공대의 비결은, 중앙일보, 2007.08.12.

인도의 산업이 정치적 포퓰리즘에 흔들리고, 관료주의에 발목 잡혀 경쟁력에서 뒤처질 때에도, IIT는 글로벌 흐름에 맞춘 전문인 양성이 가능했다.

- 개발도상국에서 전체 교육 예산의 절반을 엘리트 교육에 쏟아 붓는 것에 대한 비난과 IIT의 선진 교육시스템을 다른 고등 교육 기관에 전수할 것을 끈질기게 요구했으나, 교수와 학생 대표를 중심으로 구성된 IIT 운영위원회는 IIT 본연의 목적인 공학 엘리트 양성에만 집중한다.

- 교수와 학교운영위원회가 정치적인 관심이 없으니 정치권과 타협하거나 결탁할 일이 없고, 정치권의 외압과 회유, 비난에도 IIT 운영의 독립을 고수할 수 있었던 것이다. IIT 교수들은 일류 공학 전문인을 양성한다는 자존심으로 정치적 욕심을 물리치고 IIT 운영의 독립성을 유지하며, 사회와 산업계의 필요에 따라 반응할 수 있었다.

R&D와 인적 네트워크를 통한 산학협력

- IIT는 우수한 인력을 보유하고 있는 지역 거점 공대라는 강점 때문에 정부 주요 R&D 사업을 수주하고 있다. 또한 IIT 졸업생 네트워크를 통해 인도 국내의 R&D뿐만 아니라 해외 R&D도 수주 받고 있다. 해외 R&D는 졸업생 네트워크뿐만 아니라 해외파 IIT 교수진을 통해서도 이루어진다.

- 미국 출신의 한 교수는 IIT보다 2배 많은 급여를 제시하는 인도 내 사립 공대 대신 IIT를 선택했다. 이는 IIT가 R&D에 유리한 인적자원을 보유하고 있고, 네트워크를 통한 R&D 사업에 유리하다는 사례 중 하나다.

- IIT는 산학협력 활동에서도 인적자원을 기반으로 네트워크를 유용하게 활용하고 있다. 인도 국내 기업뿐만 아니라, 스웨덴·일본·미국 기업 등 다국적 기업과 IIT와의 산학협력 활동이 늘어나고 있는 추세이다. 세계인의 주목을 받기 전부터 IIT는 R&D와 산학협력을 강조했고, 이를 위해 산업체 경력이 있는 교수 채용을 선호하며 이들의 네트워크를 활용하는 방안을 모색했다. 그 결과 IIT 학생과 교수는 연구 역량뿐만 아니라 산업체가 필요로 하는 연구와 인력 양성이 가능했던 것이다.[3]

- 2021년 최근에는 삼성전자가 인도 공대와 산학협력을 강화하고 있는데 인도 KLE 기술대학에 'SEED랩'을 만들었고 인도 방갈로르 R&D 연구소(SR-B)와 공동기술개발 프로젝트를 진행하고 있다. 멀티미디어 실험을 위한 조명장비는 물

---

3 신진영, [대학혁신 현장을 가다 ②] 자존심으로 지켜낸 대학자율성, 세계 움직이는 인도공과대학(IIT), 한국대학신문, 2017.10.21.

론 대용량 데이터 저장 인프라 그리고 인도공대(IIT)에 삼성 디지털아카데미를 개설하여 산학협력을 강화하고 있다.[4]

4 www.iitd.ac.in(인도 공대 홈페이지), 2021.

Chapter 21

두바이

두바이 울 런공 대학교 FZ-LLC[1]

혁신

프로그램

① 커리어 커넥트(career connect)

- 취업 능력을 개발하고, 면접 기술을 연마하고, 흥미롭고 보람있는 직업 기회에 접근하고자 하는 UOWD 학생 및 대학원 구직자를 위한 광범위한 자원을 제공한다.
- 일대일 상담, 드롭 인 세션, 직업 세미나, 기술 워크숍 및 모의 인터뷰를 제공한다. 또한 UOWD 학생 및 졸업생에

1 대학 사이트 참조.

게만 제공되는 전용 온라인 포털을 통해 경력 리소스 라이브러리를 보유하고 있으며, 취업 박람회를 개최하고, 인턴십 및 유급 업무 경험 기회를 위한 게시물을 광고한다.

- UOWD의 커리어 어드바이저는 다음과 같은 활동을 지원한다.
  - 경력 옵션 평가
  - 창의적인 구직 기술
  - 응용 프로그램, 이력서 또는 이력서 개발 및 편지 취재
  - 인터뷰 기술
  - 개인 및 그룹 경력 조언 및 후속 회의
  - 경력 및 직업 정보
  - 지역 취업 기회 및 취업 박람회에 대한 정보.

② 직장 준비 프로그램

- Workplace Readiness Series는 구직, 지원 및 면접 기술을 완벽하게 수행하는 데 도움이 되는 기술 교육, 대화형 역할극 및 경력 향상 워크숍의 포괄적인 프로그램이다. 이 시리즈에는 작업 세계를 준비할 때 중요한 리소스를 제공하는 정보 브로셔 세트가 함께 제공된다. 다루는 주제는 다음과 같다.

이력서 및 자기 소개서 작성

구직 기술

채용 선발 시험

온라인 입사 지원

인터뷰 역할극

인터랙티브 인터뷰

인터뷰에서 옷을 입는 방법

경력 박람회 준비

모의 인터뷰

경력 박람회

- UOWD Career Fair는 모든 학문 분야에서 상급생을 모집하기 위해 수십 개의 다국적 기업 및 UAE 기업을 유치한다. 학생들과 졸업생들은 Pfizer, Deloitte, Microsoft, Emirates NBD, IBM, PWC, Mashreq Bank 및 Standard Chartered와 같은 조직을 끌어들이는 이 연례 행사에 참석한 결과 뛰어난 취업 기록을 보유하고 있다.

③ UOWDx 프로그램

- UOWDx는 공동 교과 활동에 참여함으로써 학생들이 개발한 지식, 기술 및 네트워크를 인식하도록 설계되었다. 졸업시 발급되는 UOWDx 기록 및 UOWDx 상을 통해 공식적인 인정이 제공되며, 이는 학생들의 학습 및 성

취를 예비 고용주 또는 대학원 입학 결정권자에게 보증하기 위해 제공된다.

- UOWDx는 학생들을 두바이의 울 런공 대학교에서 제공하는 귀중한 공동 교과 활동으로 연결한다. 학생들이 이러한 활동을 통해 얻은 개인 및 전문적 개발은 UOWDx 기록 및 상을 통해 공식적으로 인정된다.

Chapter 22

사우디아라비아

국립 킹파하드 석유광물대학교(KFUPM)

- 학생수가 8000명 정도인 국립대학교. 사우디 국적자인 경우 학부, 석사, 박사과정 모두 학비 걱정없이 공부에 전념하고 있다. 특히 국립대학 학생들은 입학부터 졸업 때까지 매월 30만 원의 생활지원금도 받는다. 학생들 대부분이 기숙사 생활을 하는데 2인 1실 기숙사 비용은 월 4만 5000원이다. 학생식당 식사비는 1500원에서 2000원이고, 전공 교과서도 학교에서 무상으로 제공받는다.[1]

- KFUPM은 공과대학으로 화학공학과 기계공학을 전공하

1 신승민, [기름왕국 사우디] 사우디의 교육, 새로운 도약을 꿈꾸다, 오피니언 뉴스, 2021.01.05.

는 학생들이 가장 선호하는 대학이다. 사우디 상위 2%의 성적을 가진 학생들이 입학할 정도로 사우디뿐 아니라 중동지역에서도 최고명문대학으로 꼽힌다. 이 학교의 졸업생들은 사우디 최대국영 석유회사인 아람코(ARAMCO)에 입사하는 게 꿈이다. 중동의 명문대로, 재학생들뿐만 아니라 사우디인들 사이에 이 대학교에 대한 자긍심이 대단하다. 모든 수업은 영어로 진행되며 교수의 절반 이상이 외국인으로 구성된 말 그대로 '글로벌한' 대학이라 할 수 있다.

- 글로벌대학으로서의 특성을 바탕으로 기숙형 중심의 혁신대학으로 자리매김해가고 있고 강의 자체가 영어로 진행되어 교수와 학생 절반 이상이 외국인으로 구성되어 있다.

- 석유 광물 특히 석유와 관련된 특성화와 지속적인 혁신을 통한 세계적 수준의 대학으로의 도약을 추진하고 있다.

Chapter 23

이집트

이집트 아메리칸 대학교

- 1919년에 설립되었으며 미국 북미 연합 장로교가 후원하는 개신교 선교 단체인 이집트의 American Mission에서 영어 대학 및 예비 학교로 설립되었다.

- 카이로에 있는 아메리칸 대학교는 이집트의 카이로에 위치한 사설 영어 대학교다. 이 대학은 학부, 대학원 및 전문가 수준에서 지속적인 교육 프로그램과 함께 미국 중심의 학습 프로그램을 제공한다.

- 프로그램은 비평적 사고력, 언어 및 문화적 기술을 향상시키고 학생들이 자신의 문화와 전통, 그리고 사회에 대한 책임에 대한 감사를 함양하도록 고안되었다.

- 특히 University Extension 프로그램을 특화해 교직원 3000명, 국내외 학생 수 10만 명을 넘는 큰 규모의 대학 사회 교육 프로그램을 운영하고 있다.

- AUC 학생 단체는 50개국 이상의 사람들로 구성되어 있다. AUC의 교수진, 겸임 교수진 및 방문 강사 또한 국제적으로 다양하며 미국, 이집트 및 기타 국가의 학계, 비즈니스 전문가, 외교관, 언론인, 작가 및 기타 사람들을 포함한다.

연구 센터[1]

Yousef Jameel 과학기술연구소

다양한 나노과학 및 기술 중심 프로젝트를 지원. 연구 활동은 일반적인 이미징, 분석 및 제조 장비를 중심으로 이루어지며 나노 물질 특성화 및 마이크로 광전자 기계 시스템의 설계 및 제조에 중점.

Al_Waleed-Courtyard

Prince Alwaleed Bin Talal Alsaud 미국 연구 및 연구 센터는

1 www.aucegypt.edu(홈페이지 참조).

미국을 더 완벽하게 공부하고자 하는 사람들을 지원하기 위해 지적 및 정보 자원을 제공함으로써 대학 내부와 외부 커뮤니티 모두에서 미국 연구에 대한 독립적인 연구의 촉매 역할.

Cynthia Nelson 성 및 여성 연구 연구소

젠더 및 여성 연구 연구소는 중동/북아프리카, 남아시아 및 아프리카의 젠더 및 여성 연구에 관심이 있는 학자들을 대상으로 하는 다목적 및 학제간 연구 센터.

개발 센터에 대한 지식 액세스(A2K4D)

이집트와 아랍 세계의 발전을 위한 지식 접근에 대한 학술 연구, 연구 및 정책 분석을 위한 센터.

번역 연구 센터CTS(도서관)

학제 간 맥락 내에서 번역 및 번역 연구에 대한 공동 지원 프로그램과 연구를 촉진하는 연구 시설.

중동 연구 센터(MEC)

카이로의 중동 연구 센터에 있는 아메리칸 대학교는 다양한 연구 방법과 학문 분야를 활용. 지역 연구 프로그램의 학제 간 특성은 학생들에게 다양한 커리큘럼을 제공. 학생들은 역사적, 사회적, 정치적, 경제적 틀을 통해 중동을 공부할 수 있는 독특한 기회를 얻음

Kamal Adham 텔레비전 및 디지털 저널리즘 센터

아랍 세계에서 가장 오래되고 가장 존경받는 대학원 저널리즘 프로그램의 본거지. AUC 이사회 멤버인 Sheikh Kamal Adham의 막대한 지원으로 Abdallah Schleifer 명예 교수가 1985년에 설립.

이민 및 난민 연구 센터(FMRS)

2000년 강제 이주 및 난민 연구 프로그램(FMRS)으로 처음 설립되었으며 2008년에 자발적 또는 강제적, 경제적 또는 정치적인 모든 형태의 국제 이동을 포괄하는 지역 센터로 확장. 개인 또는 집단, 일시적 또는 영구적임.

Center of Nanoelectronics and Devices(CND) = 나노전자소자센터

이 지역에서 전자 산업이 번성할 수 있는 환경을 조성하는 것을 목표로 하고 있으며 이 지역의 전자 및 장비 산업의 성장을 지원하는 국제적으로 선도적인 교육 및 연구 센터가 된다는 비전.

El Khazindar 비즈니스 연구 및 사례 센터

학생들에게 뛰어난 참가자 중심 학습 도구를 제공하는 세계적 수준의 사례 연구 및 기타 교육 서비스를 제공. KCC의 서비스는 최고의 학생을 양성하고 지역의 기업과 학생을 연결하며 학문적 연구와 실제 적용을 통해 궁극적으로 사회 개선에 기여하는 데 전념.

라마단 활동, 사회연구센터

이집트와 아랍 지역에서 다학문 사회 과학 연구를 수행 및 장려하고, 연구원을 훈련하고, 이 지역의 사회 과학 연구에 참여하는 대학원생, 학자 및 조직을 안내 및 지원.

환경 및 지속 가능성에 대한 응용 연구 센터

CARES는 현대적이고 지속 가능하며 번영하는 지역사회를 구상. CARES의 사명은 미래 세대를 위한 천연 자원을 보호하는 동시에 삶과 생계를 개선하기 위한 총체적인 학문 프로그램, 응용 학제 간 연구 및 지역 사회 서비스를 제공함으로써 이집트, 이 지역 및 그 너머에서 지속 가능한 개발 노력을 인도하는 것.

비즈니스 금융 센터 AUC, 경영대학 금융센터

금융 서비스 실습을 증권 거래, 위험 관리 및 자산 할당과 같은 교실 금융 개념과 통합하는 것을 목표로 하는 최첨단 교육 시설을 제공. 이 지역 최초의 센터는 학생, 연구원 및 전문가에게 실시간 재무 데이터, 전문 연구 도구 및 주요 분석 소프트웨어에 대한 액세스를 제공하여 실제 거래실 환경을 복제.

미래의 연구실

- AUC의 100주년 연구소는 혁신과 교육에서 기술과 건축에 이르기까지 모든 것을 다룸.

첨가제 제조

연구실의 와이어 기반 적층 제조 또는 3D 프린팅은 고정밀, 높은 기계적 특성, 높은 비용 절감, 고효율 및 지속 가능성, 그리고 전통적인 제조에 비해 높은 생산 속도. 이 기술은 항공, 자동차, 해양, 석유 및 가스, 도구 및 금형, 생체 의료 임플란트를 포함한 다양한 산업 분야에 적용. 이것은 지역 및 지역 최초의 통합 금속 적층 제조 로봇 시스템.

생물정보학 및 통합유전체학(BIG)

DNA 시퀀싱 기술의 발전으로 천문학적인 양의 유전 정보가 생성되어 데이터 분석 및 해석에 큰 문제. BIG 연구실은 AUC 교수진, 연구원, 학생, 국내 및 국제 협력자들에게 정밀 의학, 환경 건강, 수질 및 식품 안전에서 재생 가능하고 지속 가능한 에너지에 이르기까지 게놈 기반 연구 질문에 답하는 데 필요한 기술과 계산 능력을 제공.

시스템

컴퓨팅 및 네트워킹 시스템에 대한 최첨단 연구를 수행하는 이 연구실에서는 블록체인 기술, 모바일 및 퍼베이시브 컴퓨팅 시스템, 사이버 보안과 같은 컴퓨터 과학 및 엔지니어링의 현대적 주제를 탐구.

디지털 이집트학

이집트의 고고학 및 문화 유산이 약탈과 파괴로 위협받는 시기에 이 연구소는 이집트의 풍부한 문화 유산이 디지털 방식으로 문서화되도록 하기 위해 기술을 교육에 통합하여 유산 종사자의 요구를 충족하도록 도움. 랩은 또한 새로운 과정의 개발을 용이하게 하고 기존 과정을 업데이트하기 위한 기술 지원을 제공.

다음 아키텍처

NextARCH Lab은 이집트의 학계와 산업계의 격차를 해소하는 데 중점을 둔 건축 및 도시주의 연구 인큐베이터. 글로벌 시장에서 경쟁할 수 있는 고품질 연구 생태계를 조성.

교육 관리

AUC 국제비교교육부의 중동고등교육연구소는 경영대학과 협력하여 이집트의 27개 각 주에서 교육 국장을 위한 인큐베이터 역할을 하기 위해 이 연구소를 만들었음.

[세계 초일류대학 현장] 독일 괴팅겐 대학, 한국대학신문, 2003.10.14.

[세상보기] 참치 대학, 그 협력의 시너지를 우리 지역에, 대전일보, 2020.08.03.

브레인 편집부, 온라인 교육혁명 MOOC(무크)에서 미네르바 대학까지, 브레인미디어, 2018.11.18.

산학협력 관련 국내외 주간 정책동향, 경상대학교 산학협력정책연구소, 2018.03.

산학협력 관련 국내외 주간 정책동향, 경상대학교 산학협력정책연구소, 2017.04.

산학협력 관련 국내외 주간 정책동향, 경상대학교 산학협력정책연구소, 2019.09.

아이피노믹스, 일본 대학 벤처의 아이콘 '도쿄대 벤처'가 주는 시사점, 헬로디디, 2019.06.25.

우송대 솔브릿지, 호주 멕쿼이어대 경영대와 '2+2 복수학위', 뉴스시스, 2019.08.30.

SUNY Empire State College 홈페이지.

각 대학별 홈페이지.

강성명, "변해야 산다" 부산지역 대학가에 '혁신 수업' 바람, 동아일보, 2021.02.02.

강아영, 최아란, 〈세계는 지금 산학협력 중〉 싱가포르 산학협력, 인재를 키우다, 이대학보, 2009.11.16.

구남평, 실리콘밸리 성공뒤엔 산학협력이 있었다, 헬로디디, 2001.09.25.

김민선, 하버드보다 입학 힘들다는 '미네르바스쿨' 왜 뜰까?, 지디넷코리아, 2019.02.25.

김아영, 이한나, 〈세계는 지금 산학협력 중〉 일본 산학협력, 활발한 연구 장려, 이대학보, 2009.11.23.

김요셉, [혁신클러스터를 찾아서 ⑤] "중관촌은 정부 관료가 뛴다", 헬로디디, 2003.03.02.

김종민, 창의와 혁신의 장소-옥스브리지 이야기 Ⅱ, 한국경제, 2020.01.27.

김지은, 대학-지역사회 파트너십을 통한 지역재생 사례연구, 2010.09.

김진경, [작지만 강한 대학]〈25〉 영국 워릭대, 동아일보, 2006.06.26.

노주섭, '동서대 교내현장시스템' 산학협력, 융합교육 롤모델로, 파이낸셜뉴스, 2020.01.15.

류지성, 대학현신과 경쟁력 연구보고서, 삼성경제연구소, 2006.01.05.

마상진, 최경환, 선진 농업국의 농업교육 정책동향 및 우수사례 분석, 한국농촌경제연구원, 2008.

박대호, [해외대학으로부터 배운다 ASU ①] 새로운 대학모델 선도… 혁신 '1번지' 애리조나주립대, 한국대학신문, 2018.10.24.

박동휘, 産學협력에 명운 건 싱가포르… "정부·기업·대학 따로 움직이면 亡國", 한국경제, 2019.10.16.

박영서, [지성의 산실, 미국 대학을 찾아서] 프린스턴 대학교(2), 보아코리아, 2019.02.07.

박유빈, [해외 AI대학원] ①스탠퍼드 대학: 세계 대학 혁신 주도 '넘나들기' 학제, 비전 2025 선포, 2021.05.11.

박은성, [IT와 강원도] ⑤일본 IT산업의 R&D 메카 쓰쿠바 대학, 강원도민일보,

2006.11.09.
박종문, [대학혁신의 길] 일본을 가다 ④-리츠메이칸 대학교, 영남일보, 2018.12.18.
박종문, [대학혁신의 길 Ⅱ-독일을 가다. 2] 하이델베르크 대학, 영남일보, 2019.05.28.
백승한, [혁신 리포트 ①] 스탠퍼드대 디스쿨의 '디자인싱킹(design thinking)', 한국대학신문, 2020.04.09.
백형찬, 대학의 이념, 한국대학신문, 2019.06.12.
송현, 미네르바스쿨 "올해 첫 졸업생 진로, 아이비리그보다 성과", 조선일보, 2019.05.11.
신승민, [기름왕국 사우디] 사우디의 교육, 새로운 도약을 꿈꾸다, 오피니언 뉴스, 2021.01.05.
신진영, [대학혁신 현장을 가다 ②] 자존심으로 지켜낸 대학자율성, 세계 움직이는 인도공과대학(IIT), 한국대학신문, 2017.10.21.
안정락, '대학=기업'… 스탠퍼드大 교수 2000명이 CEO, 한국경제, 2018.10.16.
유제민, 동서대, 학생들 해외 취업에 '날개', 대학저널, 2017.04.24.
윤계섭, 영국 옥스퍼드도 '기업가형 대학'으로 변신했다, 한국경제, 2016.03.23.
이강봉, 창업교육에 거액 투자… 하버드대, 사이언스타임즈, 2013.07.18.
이강봉, 학교 선배들이 창업 멘토… 옥스퍼드대, 더 사이언스타임즈, 2013.07.23.
이윤, [해외통신] "일본 사회가 긴키 대학으로 고무됐다", 유스라인, 2015.02.05.
이원진, 세계 공대 3위 인도공대의 비결은, 중앙일보, 2007.08.12. 평인, [세계 명문 직업학교를 가다] 〈8〉 佛 와인학교 '카파', 동아일보, 2006.01.28.
이인철, 산학협력 모범 美 스탠퍼드大를 가보니, 동아일보, 2002.05.02.
이정민, 4차 산업혁명을 대비하는 미국 대학과 기업의 교육 혁신, 해외시장뉴스, 2019.08.27.
이현진, [해외대학으로부터 배운다/리츠메이칸 아시아태평양대학교] 학령인구 감소… 글로벌 혁신교육에서 답을 찾다, 한국대학신문, 2019.01.13.
임명성, 아키타 국제교양 대학의 융합교육에 대한 사례연구, 2016.

제인린, 베이징 대학 스탠퍼드에 도전하다, 더 퍼스트가이드 매거진 브런치, 2018.06.

정성민, [UI(혁신) 특집] "혁신하지 않으면 도태! 지금 세계의 대학은 혁신 전쟁", 한국대학신문, 2020.09.28.

정성춘, 일본의 개방형 혁신전략: 산학협력을 중심으로, 대외경제정책연구원, 2020.02.

정양환, [호주 '100년 명문大'를 가다] 멜버른, UNSW, 퀸즐랜드, 동아일보, 2005.07.06.

정환용, 윈드리버, 오하이오 주립대학교와 자율주행 기술 협력, 테크월드뉴스, 2017.06.13.

채성혜, JAPAN-산학협력 강화해 '프로' 키우는 저널리즘 교육, 한국언론진흥재단 신문과 방송, 2014.05.

최연구, [시론] 파리대와 한국대, 한국대학신문, 2017.08.13.

특별취재팀, 학문·연구소·산학… 세계 대학은 지금 '3대 융합 혁명' 중, 중앙일보, 2008.12.18.

최현태, 외국인을 위한 이탈리아 최고요리학교 ICIF를 아십니까 [최현태 기자의 푸드홀릭], 세계일보, 2018.12.21.

허정윤, [UI(혁신) 특집/순천향대학교] '순천향건강한대학교(SHU) 프로젝트'로 선제적 교육혁신 이끈다, 한국대학신문, 2020.09.26.

김종량 미국 컬럼비아대학교에서 교육공학박사를 취득한 후 한양대학교 사범대학 교수와 18년 동안 총장으로 재직하였다. 국제인권연맹 회장, 대통령 과학기술 자문위원, 세계대학스포츠연맹 집행위원으로 활동하였으며, 고등교육 분야 등에 큰 기여를 한 학자이자 대학 경영자이다. 『대학 총장의 리더십』 등 다수의 저서가 있으며, 현재 한양학원 이사장과 고등교육연구소 설립고문으로 있다.

이현청 미국 남일리노이대학교에서 철학박사를 취득한 후 한국과 미국 대학의 교수와 호남대학교·상명대학교 총장으로 재직하였으며, 고등교육 분야에 많은 기여를 한 대표적인 고등교육 전문가이다. 『4차 산업혁명과 대학의 미래』 등 국내외 40권의 저서가 있으며, 현재 한양대학교 고등교육연구소장으로 있다.

대학 살아남기

– 세계 대학들의 혁신 전쟁

펴낸날 2021년 11월 15일 초판 1쇄 ◉ 2022년 7월 15일 초판 2쇄

지은이 김종량·이현청 ◉ **펴낸이** 김우승

펴낸곳 한양대학교출판부 ◉ **출판등록** 제4-7호(1972.2.29)

주소 서울 성동구 왕십리로 222 ◉ **전화** 02.2220.1432-4 ◉ **팩스** 02.2220.1435

홈페이지 press.hanyang.ac.kr ◉ **이메일** presshy@hanyang.ac.kr

편집·본문디자인 김민지 ◉ **표지** 안광일 ◉ **인쇄** 네오프린텍

ISBN 978.89.7218.730.1 (93370)